L'Exposition Universelle

DE 1867

CHANSONS

L'EXPOSITION UNIVERSELLE

de 1867

par les Membres du Caveau

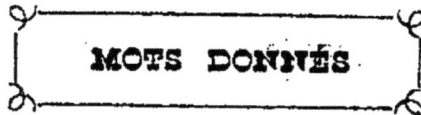

MOTS DONNÉS

PARIS

Cʜ. GROU, Libraire-Éditeur de Musique et Chansons
8, rue Cadet, 8

Typ. Jules-Juteau et Fils, rue Saint-Denis, 341

1867

AVERTISSEMENT

—

Les chansons que contient ce recueil ont été faites sur des MOTS tirés au sort, et chantés au banquet annuel (dit BANQUET D'ÉTÉ), qui a eu lieu le samedi 22 juin 1867, chez M. GÉRARD, restaurateur, au MOULIN VERT, à la porte Dauphine, avenue de l'Impératrice.

C.

L'Exposition Universelle

de 1867

REVUE-PRÉFACE

I.

L'Exposition, tel est
Des *Mots donnés* le sujet,
Et chacun, à sa manière,
Aura traité la matière.

Mais comme, à mi-juin, Protat
Voulut, président modèle,
A ses successeurs transmettant son zèle
Que chacun d'eux apportât

Soit une chanson-préface,
Soit un discours, soit enfin
Une revue à la main
Où tous, tour-à-tour, on passe;
Je dois, moi le *Dominus,*
Me conformer à cet us
Et, sans hélas! sans grimace,
Vous jouer du prospectus.

La besogne élucidée,
Il me faudrait une idée,
Un prétexte, un canevas...
Mais j'y songe!.. n'ai-je pas
Dans notre *mot donné* même
Un sujet? Donc le problème
Est résolu!

            De ce pas,
Je vais droit au but :

                    La chose,
Grande et belle et dont on cause,
C'est l'EXPOSITION...

                    Or,
Voyons un peu ce qu'expose
Chacun de vous, Messieurs, dans sa vitrine d'or.

II.

FESTEAU, le doyen, en montre
A mis des chansons et des diamants;
Le public, en passant contre,
Confond l'une avec l'autre et les trouve charmants.

De DÉSAUGIERS, le gai compère,
Le volume à nos yeux sourit;
Dans l'œuvre d'EUGÈNE il revit...
Voici le fils, voici le père;
Ouvrez... vous trouverez l'esprit.

MARIE et BORDET, DE CALONNE,
LESUEUR, FOURNIER qui vient après,
Et GIRAUD qui nous abandonne,
N'exposent plus... que leurs regrets.

SALIN, qui de *la Monnaie*
Contrôle l'or et l'argent,
En joyeux refrains nous paie
Comptant.

CABASSOL, ce roi des comptables,
Néglige un peu le vendredi;
Combien pourtant de succès véritables
Sont portés à son crédit.

THIÉBAUX à sa plume confie
De l'art d'écrire les progrès;
Admirez sa calligraphie
Avec son grand parafe auprès.

JANIN, poëte en prose,
Dans une châsse expose
Livres et feuilletons;
Et *la docte assemblée,*
Mieux instruite, d'emblée
Dit : — Pour JANIN votons.

Dans ces deux vitrines superbes,
Moitié satin, moitié velours,
LAGARDE étale ses *Proverbes,*
POINCLOUD ses meilleurs calembours.

BUGNOT expose aux yeux avides,
Avec le plan des *Invalides,*
L'archiviste archi-trésorier,
L'architecte archi-chansonnier.

PROTAT expose les affaires
De ses clients au tribunal,
Et les gagne au nez des confrères
Jaloux de le voir sans égal,
Au milieu des exploits sévères,
Rimer tant de chansons légères,
Sans négliger l'original.

Duplan, pour la circonstance,
De ses vieux procès-verbaux
Expose avec assurance
Les lambeaux.

Mahiet est un causeur, fin, charmant, agréable ;
Il expose en poète un sujet pas à pas...
C'est un malheur pour moi, s'il déserte la table :
Je ne l'entretiens pas.

Vasseur met en évidence
Ses sommiers les plus jolis ;
Un pick-pocket dit : « Prudence !
J'en prends un et je m'enfuis. »
Lyon lui répond : — « En France,
Mon cher, sur la conscience,
Vous aurez certe un des lits. »

Bouclier met à l'étalage
Entre la poire et le fromage.

Vignon (Eugène) a beau jeu
D'exposer son *Pays bleu.*

Clairville offre, j'imagine,
Ses anciens succès. — D'accord.
Mais il devra, certe, encor
Faire agrandir sa vitrine.

Lagoguée, avec l'ardeur sans égale
Qu'il montre en tout, court boulevart Clichy,
   Théâtre Pigalle;
D'exposer ailleurs il s'est affranchi.

  Les imprimeurs sont toisés,
  La liberté les détrône;
  Juteau dit, en riant jaune :
  — Nos brevets sont exposés!

De Blainville orne sa vitrine
De doux parfums : La mousseline,
Le patchouli, l'ambre et l'éther;
Il a même de la lavande,
Si maître Clairville en demande
Pour fleurir son *clofet-water*.

  Allard expose aux chefs
  Fricotant leurs reliefs,
  Que la cuisine au beurre
  Est toujours la meilleure.

D'un nuage on voit descendre Vilmay,
Qui du Champ-de-Mars fait un chant de mai.

Vergeron, à la fois et poète et marchand,
Étale ses produits qu'un flot de gaze voile;
Rêveur, il réunit, lorsqu'il songe en marchant,
  Les toiles et l'étoile.

GRANGÉ montre, entre autres choses,
Plus d'un drame réussi;
Que n'expose-t-il aussi
Et sa pipe et ses gants roses ?

DE POLI, qui fait la romance
Et la complainte d'à-propos,
Aux zouaves pontificaux
Exposa... son existence.

Alcide GENTY place dans sa montre
Trois livres sur lesquels on sent qu'il a pâli :
La Suite de Don Juan, At home, Heures d'oubli.
Vous ne songerez pas à tirer votre montre,
En les lisant. — C'est très joli.

BUSNACH, qui n'est pas le chantre
Le plus exact du Caveau;
BUSNACH, qui sort dès qu'il entre,
Sans nous donner du nouveau;
BUSNACH expose son ventre
Et ménage son cerveau.

III.

Oh! oh! Je suis bien long et j'ai vingt noms encore,
Chaque regard me dit : Sois plus expéditif;
J'ai peur de vous tenir ici jusqu'à l'aurore,
Je finis là. — J'expose... mon motif.

GROU, qui soudain voté contre,
Me dit qu'il a mis en montre
Nos portraits, et me démontre
Que je lui dois des bravos;
A bon droit VACHER m'attaque,
GILLET m'appelle cosaque,
DEMEUSE pandour; et DRAKE
Monte sur ses grands chevaux.

Tous ont la colère aux lèvres :
— Ah! de gloire tu nous sèvres!..
AULAGNIER me voue aux fièvres,
DUVAL me trempe un bouillon;
FORTIN cherche un acrostiche
Qui m'accable et qui m'affiche;
MOYNOT me siffle, et BROUSMICHE
Me fait baisser pavillon.

KRAUS, qui me crosse, se fâche;
LEVAILLANT me croit un lâche,
LEFEBVRE interroge FOUACHE :
— Se ficherait-il de nous?
THÉVENOT dit : — Ça m'agace!
CHAPONNIÈRE dit : — Bagasse!
RUEL demande ma grâce...
Maintenant, réclamez-vous?
Et PARISET que je passe!
Et DE BUIRE!.. Ils y sont tous!..

IV.

Exposants du Caveau, j'ai passé ma revue,
Peignant tant bien que mal ou l'homme ou le produit;
Pardonnez-moi mainte bévue,
Et passons en silence aux œuvres d'aujourd'hui.

ALEXANDRE FLAN,
Membre titulaire, Président.

LE CHEMIN DE FER

AIR d'*Octavie*.

En vérité, messieurs, *je me l' demande*,
Nos meilleurs vins que vont-ils devenir,
Quand des buveurs l'affluence si grande
Se doublera par les trains de plaisir ?

Fiacre, omnibus, char-à-bancs, tapissière,
Où courent-ils ?— La belle question !
Lourds paquebots, *mouches* sur la rivière,
Tout met le cap sur l'Exposition.

Pour visiter, la nouvelle merveille,
Qui nous ébranle et nous met tous en l'air,
Ferai-je bien, moi, si je vous conseille
De voyager par le chemin de fer ?

Combien de gens, à comiques tournures,
S'en viennent là, soit dit sans compliment,
Gratuitement exposer des figures
Qu'on ferait voir ailleurs pour de l'argent !

La foule emplit les deux salons d'attente,
Heureusement dépourvus de fumeurs,
Ici plus calme, et là-bas plus bruyante...
Autres tarifs, et partant autres mœurs.

La porte s'ouvre, et chacun s'achemine
Vers les wagons, où beaucoup vont cherchant
L'une un voisin, et l'autre une voisine
Au fin sourire, à l'air... compromettant.

Beautés sans gêne, et vraiment étonnantes.
Y sont en nombre, avec le lourd chignon ;
Fichus si clairs, robes si peu montantes,
Sont un prélude à l'Exposition.

Flora, qu'a prise en traître, à la ceinture,
Jeune quidam sournois, et fort osé,
Se dit : — *C'est raide!*.. en chemin de ceinture
Je n'irai plus : on est trop exposé.

Dans les trois quarts de sa course arabesque
Le long convoi développe à nos yeux
Le paysage animé, pittoresque
D'un promenoir au fond d'un chemin creux.

On se souvient de duels très funestes,
Quand on arrive à la porte Maillot,
Où ne vont plus que nourrices agrestes,
Fraîches mamans et poupons au maillot.

Mais abordons l'avenue Eugénie,
Le *Moulin vert* est très achalandé;
Au restaurant de la faisanderie
Tout est fort bon, et rien n'est faisandé.

Salut, Passy! terre trois fois bénie,
Qui recueillis nos plus grands chansonniers;
Charmant séjour du dieu de l'harmonie...
A Rossini, Béranger, Désaugiers!

Boileau, causant, comme un franc camarade,
Avec Antoine, auprès d'un chèvrefeuil (1),
Me plaît bien mieux lorsqu'avec sa pléiade
Il trinque fort dans les soupers d'Auteuil.

Enfin le jour, l'horizon et l'espace
Nous sont rendus immenses, éclatants;
Nous admirons la gigantesque masse
Du viaduc, chef-d'œuvre de ce temps.

(1) BOILEAU, Épître XI

Là, sous nos yeux, panorama splendide,
S'étend Paris ; et des coteaux riants,
Au confluent de la Seine rapide,
Déploient, au loin, leurs sommets verdoyants.

Ici, pour moi, finit ce long voyage...
Ah ! qui dirait qu'on marche à la vapeur !
Et c'est au seuil du palais, dont j'enrage,
Que je m'arrête, indigne spectateur.

Pour vous vanter sa pompeuse élégance ;
Oui, vous saurez dans vos gais ménestrels,
N'y trouvant rien de plus grand que la France,
Lui décerner des honneurs immortels.

Mais, en quittant ce temple des lumières,
Trouverez-vous, ayant grand appétit,
Des omnibus, fiacres ou tapissières ?
En attendant, la soupe refroidit.

Heureusement mon chemin vous ramène...
Quand les cochers manquent pour le retour,
Quand on est las, éreinté, hors d'haleine,
C'est le plus long qui devient le plus court.

C. FOURNIER

Membre honoraire

LES MOUCHES

(BATEAUX A VAPEUR).

Air de *la Petite Margot*.

Mouches gentilles,
Vives flottilles
Qui tourmentez nos goujons ahuris,
Toujours actives,
Entre nos rives,
Restez, restez, vous manquiez à Paris.

J'aime à vous voir sur l'humide vallée
En soulevant mille ondulations,
Pousser des flancs la vague flagellée,
Baiser nos murs de vos doubles sillons.
Fuyez légères,
O messagères,
Je viens sourire à votre beau parcours,
Et, sur votre onde,
Nouveau Joconde,
Tenter des quais le voyage au long cours.

De vos ébats vous animez la Seine,
La foule y vient comme aux gais boulevarts ;
Rien qu'à vous voir on se sent l'âme pleine
De goûts marins et d'instincts très Jean-Barts.
Le trait qui passe
A moins d'audace,

Chacun tressaille en traversant un pont.
        Le vapeur russe
        Chiptout-sikusse
N'irait pas mieux, entrant dans l'Hellespont...

Oui, je conçois que de vous l'on raffole,
Pour l'agrément et le modeste prix,
Oui, vous voguez comme la mouche vole,
Gentils bateaux, vous manquiez à Paris!
        Que de fillettes
        Sur vos banquettes
Ont les regards plus brillants que le jour!
        Charmant délire,
        Tout y respire
Le soutados, la vapeur et l'amour!

Aussi va-t-on à vous de préférence,
Vos refusés vont prendre l'omnibus
D'où maint fémur, de la moindre opulence,
Sort aplati comme un chapeau gibus!
        Vole et frétille,
        Mouche gentille;
L'étranger voit nos ponts, nos monuments,
        Et du rivage,
        Et du voyage
Emportera des souvenirs charmants.

Au rendez-vous de l'industrie humaine
Amène-nous tous les peuples divers!
Amène-nous, à crever ta carène,
Les monacos des fils de l'univers!

Que leurs rivières
Argentifères,
Leurs beaux placers, leurs jolis filons d'or,
En avalanches,
Jaunes ou blanches,
Tombent sur nous, encor et puis encor !

Adieu fringants petits vapeurs-hélices,
Coquilles d'œufs marchant un train d'express,
Et crânement fumant comme des suisses
Par des tuyaux grands comme des londrès !
Mouches gentilles,
Vives flottilles
Qui tourmentez nos goujons ahuris,
Toujours actives,
Entre nos rives,
Restez, restez, vous manquiez à Paris.

VILMAY,
Membre titulaire

LES VOITURES

Air de *la Femme à barbe*.

Hier j'avais l'intention
De faire enfin une visite
A la grande Exposition
Dont chacun vante le mérite.
Je me disais en me rasant :
« Ah ! Dieu ! quel voyage amusant !
» On y va de mille manières,
» En omnibus, en tapissières,

» En chemin de fer, en bateau,
» En fiacre, en panier, et bientôt
» On ira, traversant la nue,
» En ballon, si ça continue!

Choisissons donc, puisque je vois
» Qu'à Paris, en fait de voiture,
» On n'a que l'embarras du choix,
» Qui n'en est pas un, je le jure.
» Parbleu! je prendrai l'omnibus,
» Pour trois sous on monte dessus;
» J'en ai d'ailleurs un à ma porte
» Qui là-bas, tout droit, me transporte. »
Je me hâte et j'entre au bureau
Où je demande un numéro,
Qu'un employé grincheux me donne
Pour le quinzième!.. elle est bien bonne!

Je sors, et découvre plus loin
Une élégante tapissière;
Il reste une place en un coin,
Justement, voilà mon affaire!
Pst! pst! pst! pst! mais un Anglais,
Pendant que je gesticulais,
Me bouscule (est-ce assez canaille!)
Grimpe, s'installe et l'on me raille!
En vain j'en appelle au cocher;
On criait de se dépêcher,
La voiture, sans qu'il m'écoute,
S'ébranle et se remet en route.

De rage je grince les dents ;
Mais j'aperçois un coupé vide,
Déjà, je m'élançais dedans,
Le cocher d'un geste rapide
Me repousse et le fouet levé,
Vlan ! me cingle, et sur le pavé
Renverse mon feutre ; on s'assemble
Pour nous voir batailler ensemble.
Tirant les brides de sa main,
Je veux lui barrer le chemin,
Il m'échappe et, ce qui m'attriste,
En me traitant de... journaliste !

Après avoir longtemps marché
En quête, hélas ! d'un véhicule,
Je me dis : « C'est assez cherché,
» Ça devient bête et ridicule !
» Poussons jusqu'au chemin de fer,
» Ça n'est pas loin, ça n'est pas cher ;
» Dans un quart-d'heure le train passe,
» Là, toujours on a de la place. »
Mais il s'agit de traverser,
Bon ! je vais me faire écraser !
Parmi cent chars je me faufile,
J'arrive enfin... quand le train file !

Près de la gare se tenait
Un gros sergent de ville aimable,
Je lui glisse dans le cornet
Mon aventure déplorable.

2.

« Point du tout vous ne m'étonnez,
» Dit-il, mais voyons, sous mon nez,
» Si la *victoria* qui s'arrête
» A vous recevoir n'est pas prête ! »
J'aborde en brave le cocher
Qui refuse net de marcher ;
Du doigt je lui montre le sbire.
« Montez, bourgeois, j' vas vous conduire. »

Je monte alors d'un air vainqueur,
La voiture roule et m'entraîne,
Et je pensais au fond du cœur :
Sapristi ! ça n'est pas sans peine !
Enfin le cocher dit : « Voilà,
» Bourgeois, faut qu' vous descendiez là,
» Suivez cette ruelle étroite,
» Au bout vous tournerez à droite. »
Je paie, il part ; quel traquenard !
J'étais au quartier Mouffetard !
Pour ça j'avais (peut-on le croire !)
Donné cent sous et le pourboire !

Indigné de cette noirceur,
Au destin je cherchais querelle,
La voiture du blanchisseur
Passe ; comme il loge à Grenelle
Il offre de me prendre à bord,
Moi, pas fier, j'accepte d'abord.
Mais il allait de porte en porte
Rendant le linge qu'il rapporte.

A l'Exposition, le soir,
J'arrive et ne peux plus rien voir
Que des gens buvant une chope
Et mainte étrangère... interlope !

Pour revenir, d'un air câlin,
Après vingt cochers que j'assiége,
J'en trouve un dont le fiacre est plein,
Mais qui me hisse sur son siége.
Bravo ! parfait !.. A deux cents pas
L'essieu se rompt ! bon ! patatras !
Je tombe et, pour le coup de grâce,
Me casse le nez sur la place.
Clopin clopant, estropié,
Je dus chez moi rentrer à pied,
Souffrant de nombreuses foulures
Maudissant cochers et voitures !

Aussi ma résolution
Est de supprimer ma visite
A la grande Exposition
Dont chacun vante le mérite.
Et si quelque ami s'abusant
Me dit : « Quel voyage amusant !
» On y va de mille manières :
» En voitures, en tapissières... »
« — Halte-là, dirai-je, et, crois-moi,
» A moins d'une voiture à soi,
» Les voitures, c'est illusoire ! »
Et je lui narre mon histoire !

HENRI GILLET,
Membre associé

LE TOURNIQUET

Air du vaudeville de *Renaudin de Caen*.

Puisqu'on m'appelle, me voici !
Messieurs, faites la révérence
Au tourniquet, cette puissance
Qui fait à tous crier merci.

Je vous reconnais, gais apôtres...
Trinquez, aimables chansonniers !
Après vos folles patenôtres
Vous m'apporterez vos deniers.

Depuis longtemps on me narguait,
Chacun me disait sans ressource,
Et je fus chassé de la Bourse
Ni plus ni moins qu'un paltoquet !

Mais au temple de l'Industrie
Je reprends enfin mon pouvoir...
Dans les coffres de la patrie,
Grâce à moi, l'argent va pleuvoir.

Je fonctionne sans soucis
A l'abri d'une paix prospère,

Des milliers d'ennemis naguère
Me visitent en bons amis.

Je suis partout, sous vingt costumes,
En vain l'on croirait m'éviter ;
J'ai pénétré dans vos coutumes,
On me subit sans s'en douter.

Près de vous ouvrir le boudoir
De votre nouvelle conquête,
« Monsieur, » vous dit une soubrette,
« Nous sommes bien tristes ce soir...

» Le baron a quitté madame
» En lui supprimant son budget!
» Pour voir couronner votre flamme,
» Veuillez passer au tourniquet. »

Chez l'avocat au parler d'or
Dont vous réclamerez l'office,
Pour vous faire rendre justice,
Vous me retrouverez encor.

Votre femme que l'on admire,
Prenant son air le plus coquet,
Vous demande un fin cachemire,
Allons... voyons... au tourniquet.

Si parfois, cynique et brutal,
Dans un moment de convoitise
Je sers l'intrigue et la sottise,
Aujourd'hui mon but est moral !

Je donne accès à l'arche sainte
Où, pour le plaisir de vos yeux,
Chaque peuple expose sans feinte
Les produits les plus merveilleux.

Qu'on ne raille plus mon emploi ;
En m'abordant que nul me gronde :
Car du progrès — ce roi du monde —
Je popularise la loi !

Pourtant, plus d'un tout bas m'accuse
De m'interdire aux pauvres gueux...
Mais bientôt si je ne m'abuse,
Je tournerai gratis pour eux.

Puisqu'on m'appelle, me voici !
Messieurs, faites la révérence
Au tourniquet, cette puissance
Qui fait à tous crier merci !

V. VERGERON,
Membre titulaire

LES GUIDES-INTERPRÈTES

POT-POURRI

AIR : *Ce soir, j'arrive donc dans cette ville immense* (Pré aux Cler

Enfin nous voici donc dans ce palais immense
Qui du progrès et du travail,

Sous les auspices de la France,
Devient le caravansérail !
    Au dieu de la guerre
    En vain les mortels
    Ont failli naguère
    Dresser des autels,
La paix est assurée ;
L'industrie, en donnant
Un gage à sa durée,
Pour joindre maintenant
    Le fait à l'exemple,
    Au centre des arts
    A placé son temple
    Sur le Champ-de-Mars.

AIR : Dans la paix et l'innocence.

A tous les peuples du monde
Chez nous en faisant appel,
Quand l'Exposition fonde
Une autre tour de Babel,
Et qu'en foule vont s'y rendre
Chinois, Anglais, Auvergnats,
Sans peine on a pu comprendre
Qu'on ne les comprendrait pas !

AIR de Marianne.

Comme c'eût été monotone,
Pour les visiteurs sagement

On a créé maint cicerone,
Qui doit presque instantanément
Tout leur traduire,
Et les conduire
Droit au travers de l'Exposition,
Et toujours être
Prêt à se mettre
Pour deux francs l'heure à leur discrétion !
Il doit contrôler les factures,
Porter les lettres, les paquets,
Déconcerter les pick-pockets,
Et... trouver des voitures !

Air : *L'astre des nuits* (La Sentinelle).

L'astre des nuits est Hécate aux enfers,
Au ciel Phœbé, la lune sur la terre,
Comme elle ils ont aussi trois noms divers :
Guide, interprète et commissionnaire !
Mais, en outre, aux portes de l'Ex-
-position universelle,
Pour n'être pas mis à l'index,
Il faut qu'ils fassent sentinelle !

Air : *Bouton de rose*.

A leur casquette
Comme on a placé gentiment
Une magnifique étiquette,
On les reconnaît aisément
A leur casquette !

AIR de **Julie**.

Pour l'étranger que chaque jour amène,
On a surtout créé leurs fonctions,
Mais quand parfois j'entends un indigène
Leur adresser certaines questions,
D'être Français je suis alors moins crâne
Provincial, ou bien Parisien,
    En France, plus d'un citoyen
    Aurait grand besoin d'un guide-âne !

AIR du vaudeville de **l'Étude**.

Un jour une vieille portière
Faisait avec acharnement
A l'interprète de Bavière
Une querelle d'allemand ;
Sans lui laisser ni paix ni trève,
Elle voulait lui raconter
Ce qu'elle avait vu dans un rêve,
Et le lui faire interpréter !

AIR : **Adieu, je vous fuis, bois charmant**.

Comme chacun le comprend bien,
On n'a pas pu, je le regrette,
Prendre un académicien,
Pour en faire un guide-interprète !
C'est fâcheux pour les étrangers
Qui, trop confiants dans leur glose,
Ne savent pas à quels dangers
L'Exposition les expose.

AIR : **A tous les coups l'on gagne**.

Mon Dieu! je ne demande pas
  Que, ferrés sur la langue,
Dans le français de Vaugelas
  Ils fassent leur harangue,
Mais cependant presque toujours
  Il ne faudrait pas, certe,
Pour mieux colorer leurs discours,
  Parler la langue verte!

AIR : **Vive la lithographie**.

Une lady, blonde et rose,
Vive comme Frétillon,
Hier matin de la chose
M'a donné l'échantillon!

« Grâce à mon guide, je sais,
» Dit-elle, un peu de français,
» Les mots les plus usités
» M'ont été par lui cités.

» Mon époux, *c'est un peu raide,*
» Quoique assez *bon zig* au fond,
» Depuis quelques jours possède
» *Une araignée au plafond.*

» Il va chez *le mastroquet*
» *Étrangler un perroquet,*
» Et, ce qui me compromet,
» *A constamment son plumet.*

» Quand *il est paff, il roupille,*
» Ou me *barbotte : Et ta sœur !*
» *A Chaillot*, aussi je grille
» *D'envoyer ce vieux gêneur.*

» A force de s'en fourrer,
» A force de s'empiffrer,
» Bientôt, il finira par
» *Se dévisser le billard.*

» *Sans te la faire à l'oseille,*
» N'en sois pas trop *esbloqué,*
» Je t'épouserai, *ma vieille,*
» *Quand mon ours sera claqué. »*

AIR : **Au clair de la lune.**

Et puis elle ajoute :
« Avec mon bagout,
» Qui sans aucun doute
» Est du meilleur goût,
» Je compte bien faire
» Florès à London ! »
— Allons donc ! ma chère,
Lui dis-je, allons donc !

AIR de **Préville et Taconnet.**

Quoiqu'il en soit, et bien que leur langage
Ait fort souvent trop d'excentricité,
Comme interprète ou bien porte-bagage
Les guides sont de grande utilité,

Et leur état a plus d'un bon côté !
Dans l'avenir, sans craindre de chômage,
En Amérique, en Chine, en Danemark,
Près du Sultan ou de monsieur Bismarck,
Ils sont certains de trouver de l'ouvrage,
Puisqu'ils auront trois cordes à leur arc !

AIR de *Mazaniello*.

Pour faire une bonne œuvre, en somme,
On prétend qu'il faut carrément
Entrer dans la peau du bonhomme ;
C'est dans ce but certainement
Qu'avec le sujet que je traite,
Voulant me mettre à l'unisson,
J'ai pris moi-même un interprète
Pour interpréter ma chanson !

Louis PROTAT,

Membre titulaire.

LES FAUTEUILS ROULANTS

—

AIR : *Les anguilles, les jeunes filles.*

Quand, suivant les bords de la Seine,
Je vais à l'Exposition,

Le plaisir toujours m'y ramène,
Je suis dans l'admiration;
Certes, pour moi, c'est un voyage,
Moi, dont les pas sont chancelants;
Heureusement j'ai l'avantage
De prendre un des fauteuils roulants.

Ce fauteuil, plaisant véhicule,
A la course ne marche pas;
Pour deux francs à l'heure on circule,
Sans fatigue et sans embarras;
Pour diriger cette voiture,
Dans ce palais original,
Un homme, changeant de nature,
Remplit l'office d'un cheval.

Le bon bourgeois et sa famille
Se font ainsi traîner à bras,
L'artisan et la pauvre fille
De ce tricycle n'usent pas;
Se moquant de cette brouette,
Le cocodès, pour mieux briller,
Serré dans sa courte jaquette,
Au Bois va se faire rouler.

On peut, par ce nouveau système,
Suivant son inspiration,
Aller, venir, à l'instant même,
Au sein de chaque nation;

Pour tout voir les honnêtes femmes
Adoptent ce ressort banal;
Aux yeux de nos petites dames
Le grand ressort n'a pas d'égal.

Les gaillards qui font le service,
Seulement à l'intérieur,
Devraient bien, à leur bénéfice,
Mener chez lui le visiteur;
Si l'on prenait cette mesure,
Les cochers seraient en fureur,
On les verrait, changeant d'allure,
Courir après le voyageur.

Une marche trop incessante
Donne un appétit dévorant,
Et surtout une soif ardente
Qu'il faut calmer au restaurant;
On déjeune dans l'Italie,
Et l'on goûte aux États-Unis,
On dîne au fond de la Russie,
Puis enfin l'on soupe à Paris.

BOUCLIER,
Membre titulaire.

LES MACHINES

Air d'Octavie.

Pour vous chanter, ô machines sublimes !
Il faudrait être académicien...
Bien vainement je couds ici des rimes,
De mon cerveau je ne puis tirer rien.

C'est un vacarme abominable, horrible,
Un bruit affreux qui donne sur les nerfs.
Je ne sais pas lequel est plus terrible
De tout ce bruit ou du bruit des enfers.

Je veux pourtant fair' preuve de courage :
Sur ce terrain, comme un vaillant soldat,
Foulé, pressé, me voyant tout en nage,
Pour mes dix sous je m' pai' du chocolat.

Pour exciter les fonctions digestives,
J' vois la machine aux pastill's de Vichy,
Elles ne sont pas par trop nutritives,
Mais elles sont... diable de rime en *chy*.

J'ai remarqué la p'tit' machine à coudre
Près d' celle à tondre, estimé' des filoux,
Puis un' machine à fabriquer la poudre
Tout près de celle à broyer des cailloux;

Moi, j'admirais dans nos engins de guerre
Un' crân' machine à faire des fusils,
Quand un' voisin' me dit qu' *l'outil d' Pierre*
Lui plaît bien mieux qu' ces machines-outils.

Près d'un' machin' à fair' de la chandelle
L'on a placé le grand moteur Lenoir;
Afin qu'on puiss' mieux voir sa manivelle
Quand il fait sombre ou bien quand vient le soir.

J'ai réclamé tout comme une âme en peine
Que l'on m' fît voir la machin' de Marly;
Il eût fallu qu' pendant six mois la Seine
Eût bien voulu découcher de son lit.

Pompes à rouet, comme pompes foulantes,
Veul'nt écraser les p'tit's pompes à main.
Que j'aim'rais voir des pompes aspirantes
Lancer à tous le bon jus du raisin!

L'agriculteur aim' la machine à battre,
Aussi Gros-Jean à sa douce moitié
Répèt' chaqu' jour, et sans en rien rabattre :
— Voilà l'emblèm' de ma tendre amitié.

J'ai vu des yeux, entendu des oreilles,
Et sur le tout, moi, j'y perds mon latin,
Les inventeurs d'aussi grandes merveilles
Sont-c' messieurs *Chos'?* non, c'est monsieur *Machin.*

Le Fils du Ciel vers Paris s'achemine
Comme un Prussien, un Russe, un Autrichien;

En arrivant il s'écrîra : Ma Chine,
Je te revois... qu'on me serve du chien !

Aussitôt dit, une svelte Chinoise,
Qui vit le jour au quartier Saint-Marceau,
Au souverain offrira, la sournoise,
De son barbet le plus friand morceau.

Tous les produits produisent des machines
Au figuré, j' dirai même au moral,
Et, quand je vois tant de drôles de mines,
Je m' dis : D' l'esprit est-c' donc là l'idéal?

J'ai tant tourné et vu tourner tant d' choses,
Que ma têt' tourne et m' donne du souci ;
Comme jamais il n'est d'effets sans causes,
C'est le progrès qui m' cause tout ceci.

J'ai bien trouvé dans ce palais immense
Une machine à fair' des saucissons,
Mais je n'ai pu malgré ma patience
En trouver une à faire des chansons.

Pour vous chanter, ô machines sublimes !
Il faudrait être académicien...
Bien vainement ici je couds des rimes,
De mon cerveau je ne puis tirer rien.

VASSEUR,
Membre titulaire.

LES CHAPEAUX INSTANTANÉS

—

Air de *Philoctète*.

Chacun admire, à l'Exposition,
Comme un castor, saisi par l'engrenage,
Voit son poil gris passer à l'affinage,
Puis prendre un corps... puis, sans transition,
Dès qu'a séché l'humidité qui pleure
Sur ses parois, nous montrer, tout garni,
Un couvre-chef digne de *Bandoni*,
Un vrai chapeau construit en un quart-d'heure !

Ce métier-là — disons-le sans façon —
Ne paraît pas aux refrains très propice ;
Mais, pour un peu que l'on y réfléchisse,
On y sent poindre un sujet de chanson.
Lorsque, brisant le rêve qui nous leurre,
Un vent subit coiffe notre ciel bleu
D'un turban gris, ah ! n'est-ce pas, un peu,
Comme un chapeau construit en un quart-d'heu

Le vieux Reynold usa, pendant trente ans,
Ses facultés, son honneur et sa vie

A suivre en vain d'un regard plein d'envie
De la grandeur les hochets éclatants.
La chance enfin pour lui devient meilleure...
Il va saisir le chapeau panaché...
La maladie et la mort l'ont touché...
C'est un chapeau construit en un quart-d'heure!

Plus d'un mari, teint frais, gras et vermeil,
Semble narguer toute humaine tempête,
S'avance brave, et porte haut la tête
En exposant son front vaste au soleil.
Mais sa moitié, dont un sourire effleure
La lèvre rose, a soin, par charité,
D'offrir au chef de la communauté
Certain chapeau construit en un quart-d'heure!

Pour absorber sa part d'un gai festin,
Roger Bontemps arrive en allégresse;
Sa tête est nue... il a, par maladresse,
Laissé chez lui son chapeau ce matin.
A table, il faut qu'il se coiffe ou qu'il meure...
Pour commencer, il se donne un plumet...
Et puis, avant de partir, il se met
Un vrai chapeau construit en un quart-d'heure!

Faut-il grossir mon joyeux arsenal
En vous parlant de la toque du juge,
Du bolivar qu'au gendarme on adjuge,
Du fier képi, du chapeau-cardinal ?

Non, je m'arrête... une force majeure
Sur mes flons-flons vient mettre le holà...
Les possesseurs de tous ces chapeaux-là
A les gagner ont mis plus d'un quart-d'heure !

VICTOR LAGOGUÉE,
Membre titulaire.

LA PETITE FABRICANTE D'ÉPINGLES

—

AIR : *La seul' promenade qu'a du prix.*

D'épingl's j' suis la p'tit' fabricante ;
C'est un métier qu' vite on apprend ;
La denrée est assez piquante
Et le commerce en est très grand.
Comme il s'rait trop long d' vous instruire
Par quels procédés on les fait,
J' préfère en quatre mots vous dire
Et leur nature et leur effet :
Trop heureux qui sait, grâce à Dieu,
Tirer son épingle du jeu !

Dans tout's les fêtes amicales,
Le plus vif, le plus doux plaisir,

C'est d' draper rivaux et rivales,
Et de critiquer à loisir.
Certain qu' là-bas chacun vous cingle
Les coups de bec les plus mordants,
Rendez-moi de grands coups d'épingle
A qui vous déchire à bell's dents !
Trop heureux qui sait, grâce à Dieu,
Tirer son épingle du jeu !

Vous avez un procès terrible
Où vous craignez d'avoir le d'ssous.
Vous d'vez y perdr', c'est infaillible,
Ou votre gloire ou vos gros sous ;
Mais des épingles que l'on glisse,
Essayez la combinaison,
Et soudain madam' la Justice
Trouvera qu' vous avez raison.
Trop heureux qui sait, grâce à Dieu,
Tirer son épingle du jeu !

Pour la pris' de quelques provinces
Voilà qu'on tir' l'estramaçon ;
Des deux côtés déjà les princes
S'arment chacun à leur façon.
Qui, gagnera dans ces bisbilles,
Des royaumes et du renom ?
Est-ce l'épingle ou les aiguilles ?
Est-ce l'épée ou le canon ?

Trop heureux qui sait, grâce à Dieu,
Tirer son épingle du jeu !

Pour ses appas pleine d'alarmes,
Plus d'un' fille à l'air langoureux
Met au fichu cachant ses charmes
L' laiton qui piqu' les amoureux.
Pour triompher d' la bergerette
Se défendant avec candeur,
Arrachez de sa collerette
L'épingl' qui garde sa pudeur !
Trop heureux qui sait, grâce à Dieu,
Tirer son épingle du jeu.

Pauvres maris, dont l'âm' jalouse
Chang' les agneaux en loup-garou,
Ne tourmentez pas votre épouse
Quand ell' va vous ne savez où.
Mais lorsqu'en rentrant ell' se mire,
Tâchez de voir, d'un œil adroit,
Si l'épingl' qui tient son cach'mire
Se trouve encore au même endroit.
Trop heureux qui sait, grâce à Dieu,
Tirer son épingle du jeu !

Enfin, quand viendra l'heur' dernière
Où l' juge, à qui tout satisfait,
Vous demand'ra dans votre carrière
Le bien ou l' mal qu' vous avez fait,

Tâchez, — n' contant dans votre histoire
Que quelqu's p'tits péchés étourdis, —
D'entrer au moins en purgatoire
Si vous n' gagnez pas l' paradis.
Trop heureux qui sait, grâce à Dieu,
Tirer son épingle du jeu!

ARSÈNE THEVENOT.
Membre correspondant.

LE MUSÉE INTERNATIONAL

POT-POURRI

Air : *Ça viendra* (dans les Poletais)

Ah! cristi!
Sapristi!
Y en a-t-y!
V'là t'y d' la nature
En peinture!
Ah! cristi!
Sapristi!
Y en-a-t-y!
J' déclar' que j'en suis abruti.

On ne voit qu' des tableaux
   R'présentant des eaux,
   Des prés, des hameaux,
   Des bois, des châteaux,
   Des hommes, des veaux,
   Des femm's, des chameaux,
Enfin tous les animaux.

   Y en a sur tous les murs
   De clairs et d'obscurs,
   Et de clairs-obscurs,
   De douteux, de sûrs,
   De doux et de durs,
   On en voit de purs
Et surtout beaucoup d'impurs.

     Ah! cristi! &.

Air des *Fraises*.

Sur ses jambes quand on a
   Pu faire, d'une traite,
L' tour du Champ-d'-Mars, à voir ça,
J' vous réponds qu'on a mal à
   La tête.

Air : *Allez-vous-en, gens de la noce*

A ce gigantesque musée
Des peintres de tout l'univers,

Chaque école étant exposée,
On juge leurs talents divers.
Comme en c' voyage d' longue haleine,
C' musée est à peine entrevu,
Quand on est pris au dépourvu,
Pour vous éviter un peu d' peine,
J' vas vous raconter c' que j'ai vu.

AIR : *Je loge au quatrième étage*.

Donc, aujourd'hui, mes chers confrères,
J' n'ai qu'à vous montrer des tableaux ;
Et je vais, ce qui ne m' plaît guère,
Ressembler à ces écriteaux
Qui disent, sur les murs nouveaux,
Au public, à qui, d'aventure,
Il pourrait arriver malheur :
« *Fait's attention à la peinture,*
» *Et prenez garde à la couleur.* »

RÉCITATIF.

Assez de préambule, — avec attention
Suivez-moi, mes amis, à l'Exposition.

AIR : *Voilà la manière de vivre cent ans*.

Grâce à la voiture
Que j' n'ai pu trouver,
Sans un' courbature
Je n' puis arriver.

4

Je m' perds en entrant
Parmi mainte et mainte machine,
La foule, en m' serrant,
M'étourdit, m'aplatit, m'échine.
J'étouff', je succombe,
Et sans faire un pas,
Tout-à-coup, je tombe
Dans les Pays-Bas.

AIR : **Bonjour, mon ami Vincent.**

Vite j'achète un livret,
Qui me coûte un franc cinquante,
Pour vous dire le sujet
Que chaqu' tableau représente ;
Mais les tableaux des Pays-Bas
Dans les Pays-Bas ne se trouvent pas.
En vain j' voudrais vous satisfaire ;
Voyez mon cruel embarras :
Comm' je n' le vois pas,
Je n' puis dire, hélas !
Ce qu'on a pu faire
Dans les Pays-Bas.

AIR de **Cadet Roussel.**

Pourtant je m'informe, on m'apprend
Que l' Champ-d'-Mars n'est pas assez grand
Pour placer, sur le mêm' chemin,
Tous les tableaux du genre humain,

Et qu'on a mis, ce qui me vexe,
Les Pays-Bas dans une annexe...
Ah! ah!
D' ces tableaux-là,
C'est JUTEAU qui vous parlera.

AIR : *Tout le long de la rivière.*

Mon livret me dit que c'est l' tour
Du grand-duché du Luxembourg.
Je n' le trouve pas, c' musé' sublime,
Mais à JUTEAU, qui nous imprime,
J' conseill'rais encor de l' passer,
Mêm' quand il pourrait s' l'annexer.
Si nous l' chantions c' musé' problématique,
On nous accus'rait de parler politique;
N'allons pas parler politique.

AIR : *N'en demandes pas davantage.*

D'après mon livret, c'est maint'nant
En Belgique que je voyage,
Mais je m' trouve en Prusse, et, vain'ment,
Je cherche dans le voisinage :
La Belgiqu' partout,
Je n' trouv' rien du tout;
N'en demandez pas davantage.

AIR de *Cadet Roussel.*

Cependant je m'informe encor,
Avant de r'prendre mon essor.

Et l' gardien qu' j'interrog' tout bas,
M' répond qu'ainsi qu' les Pays-Bas,
La Belgiqu', ce qui me revexe,
S'est fourré' dans une autre annexe.
      Ah! ah!
    D' ces tableaux-là
C'est JUTEAU qui vous parlera.

AIR : *Mon petit François.*

J'étais perdu; mais
   Enfin j' m'y reconnais,
Me v'là dans l' musé' d' l'Allemagne :
   La Prusse... halte-là!
   Est-c' par c' pays-là
Que j' dois entrer en campagne?
Non, mais dans l' musé' d'Allemagne,
Avec la Prusse et de concert,
Pour qu'en tableaux l' musé' soit riche,
On a mis Bade, l' Wurtemberg,
La Hess', la Bavière et l'Autriche.
   Prom'nons-nous dans tout ça
   Et ne regardons là
   Qu' les tableaux qu'on y a mis,
   Sans parler des pays.
   En entrant j' vois soudain
   Un' Vu' du Jourdain
   Qu'a l'air d'un jaun' d'œuf,
   Et ça m' paraît neuf;

Jamais on n' verra
Un Jourdain si jaun' que ça.

Voilà *les Cinq sens*,
Cent fois plus puissants,
Représentés par des femmes,;
Frédéric-le-Grand,
Puis *un Enrôl'ment*,
De grands homm's et d' petit's dames,
Des vaud'vill's, des mélodrames,
Les Saltimbanqu's, la Fin du bal,
La Diète de Varsovie,
L'Empereur d'Autriche à cheval,
L'Intérieur d'une écurie,
Voilà *Suzanne au bain*;
La bell' tête, l' beau sein,
Le beau pied, la bell' main,
Le beau... sacré coquin!
Eloignons-nous, j'ai chaud.
Voilà *le Gros lot*,
V'là *les Bords du Rhin*,
Puis *un' Femme*, enfin,
Jouant avec deux chats,
Un ne lui suffisant pas.

V'là-z-*un' Procession*,
V'là *l'Inquisition*,
Ophélia, quand elle est folle,
V'là *Laure* et *Schiller*,

Schamyl et *Luther,*
La Fêt' du maître d'école,
La Mad'leine qui s' désole,
Puis, au retour des champs, voilà
Un' Faucheus' qui n'est pas vilaine,
Voilà *sur les Turcs, à Zantha,*
La Victoire du prince Eugène,
V'là-z-*un Pays grêlé,*
V'là-z-*un Enfant volé,*
V'là-z-*un Enfant trouvé,*
V'là-z-*un Enfant sauvé.*
Voilà, voilà, voilà,
Ah! Dieu, comme y en a,
Ce musée all'mand
Vous d'vîent assommant,
Passons c' muséum
Ia! tartefle! et *godfordum!*

Air de ***Cadet Roussel.***

J' croyais qu' la Bavière en était,
Et je n' la vois qu' sur mon livret;
Comme on m'en a dit beaucoup d' bien,
Et que je vois que je n' vois rien,
J'informe, et ce qui me revexe,
C'est qu'elle est dans une autre annexe.
Ah! ah!
D' ces tableaux-là,
C'est Juteau qui vous parlera.

Air : **Ah! c' cadet-là**.

Ah! c' musé'-là
Quell' touch' qu'il a!
J'y vois, à mon service,
Des p'tits bib'lots,
Mais pas d' tableaux;
C'est le musé' d' la Suisse
D' la Suisse.

Et cependant mon livret
M'en promet.
Il me promet *le Lac de Genève*,
Il me promet *Daphnis*,
Amaryllis,
Il me promet *Adam* et même *Eve*,
Il m'en promet plus que j' n'en veux,
Il m'en promet cent douze,
Mais il me blouse,
Et j' vois d' mes yeux
Qu' promettre et t'nir sont deux.

Ah! c' musé'-là
Quell' touch' qu'il a!
J'y vois à mon service,
Des p'tits bib'lots,
Mais pas d' tableaux,
C'est le musé' d' la Suisse
D' la Suisse.

AIR de *Cadet Roussel*.

Donc pour la quatrième fois,
J' dis, interrogeant un bourgeois :
— L' musé' d' la Suisse, s'il vous plaît ?
Le bourgeois me répond qu'il est
Fourré, ce qui me rerevexe,
Dans une quatrième annexe.
Ah! ah!
D' ces tableaux-là
C'est JUTEAU qui vous parlera.

AIR : *Ah! daignez m'épargner le reste*.

Donc aujourd'hui des Pays-Bas,
D' la Belgiqu', d' la Suiss', d' la Bavière,
Amis, je n' vous parlerai pas.
Mais en marchant de c'tte manière
Sur JUTEAU je puis tout r'jeter,
Malheureus'ment l' bourgeois m'atteste
Que j'ai tout l' reste à visiter.
Va donc falloir, sans m'arrêter,
Vous parler de tout le reste.

AIR des *Folies d'Espagne*.

Voilà Casado,
Cano,
Fierros, Rubio
Rosales

Monso
Casteliano
Rico
Gonsalvo, Valles.

Bon! c'est l'Espagne,
Vite en campagne,
Qu'on m'accompagne;
Vers ce Cocagne
Portons nos pas.

Mais quoi! pas de guérillas,
De poignards, d'escopettes,
Hélas!
Pas de senoras,
Et pas de castagnettes.

Aux promenades,
Quoi! pas d'œillades,
Quoi! pas d'alcades,
De sérénades,
Rien du pays!

Saint François, Béatrix,
François premier, Suzanne,
Sainte-Cécile et *Daphnis,*
Le sacré, le profane,
La France, le Tyrol,
L'Angleterre et l'All'magne,

5

V'là c' qu'on voit d'espagnol
Dans le musé' d'Espagne.

AIR : *Silence, silence, silence.*

Ah! tiens, v'là des statues !
Comme ell's sont peu vêtues !
Dans la crainte d' nous attarder
Passons vite sans regarder.

AIR : *C'est le mirliton, mirliton, mirli aine.*

A peine ai-j' passé c'tte porte
Que j'aperçois l' *Tintoret*
Regardant sa fille morte,
Pour mieux faire son portrait ;
V'là-z-encore, et des plus tristes,
Don Henrique l' cardinal.
C'est le Portugal,
Saluons ses artistes ;
En v'là du bon Portugal !

Des Fruits, des Fleurs dans un vase,
Une Pêche à Moleta,
Herminius, la Mort du Tase,
L' Camoens, Salvator Rosa,
Un Marché, les Bords du Tage,
Et huit portraits, v'là total,
C'est tout l' Portugal,
J' n'en vois pas davantage ;
En v'là du bon Portugal !

AIR : *Madame ne mange pas*.

Dans l' Portugal, j' m'étonne
D' voir la Grèce, et surtout
D' n'y voir qu'une *Antigone*
Et quatr' portraits, c'est tout.
En tout cinq tableaux, quell' tuile !
J' suis surpris, j'en fais l'aveu,
Qu'en Grèce on trouve si peu
D' tableaux à l'huile.

AIR : *Silence, silence, silence*.

V'là-z-encor des statues !
Comme ell's sont peu vêtues !
Dans la crainte d' nous attarder,
Passons vite sans regarder.

AIR du *Premier pas*.

Voilà l' Dan'mark, la Norwége et la Suède,
Tout ça mêlé comme des bich's dans un parc ;
Heureusement qu' mon livret m' vient en aide,
Y m' fait trouver la Norwég' dans la Suède,
Et rencontrer la Suèd' dans l' Dan'mark.

AIR : *C'est la première du printemps*.

Allons, parcourons-les tous trois,
Et puisqu'en bloc on les rassemble,
Nous pouvons les confondre ensemble.
V'là d'abord *l'Embarras du choix* :

Un garçon tient des cart's que d'vine
Un' jeun' fille, riche d'attraits ;
A sa place, avec ma voisine,
C' n'est pas aux cartes que j' jouerais.

L' Colin-Maillard, c'est un gaillard
Qui cherche à tâtons des d'moiselles.
Comm' lui, quand j' les vois, avec elles
J' jouerais bien à Colin-Maillard.

V'là *la Demande en mariage,*
V'là *la Déclaration d'amour,*
V'là *la Jalousie au village,*
Et, je vous le dis sans détour,

Pour ces tableaux, dont l' cadre est p'tit,
J' donn'rais cinq ou six grandes toiles.
Ah ! v'là la lune et les étoiles,
Les Elphes folâtrant la nuit.

Là-bas, que vois-je ? un incendie !
Charles douze, le jeune roi,
Fuit son palais ; sur lui s'appuie
Sa grand'mère mourant d'effroi ;

Eloignons-nous de c' tableau-là.
Ah ! v'là *Samson* qui tourn' queuqu' chose.
Pour Samson, c'est l'amour qu'est cause
Qu'on le fait tourner comme ça.

Ah ! là-bas, *un Ours à la foire ;*
Le bel ours ! et qu'il fait d' beaux tours !

Mais, sapristi! c'est à n' pas croire,
Voilà que j' fais l'élog' d'un *ours!*

D' la Norwég' v'là *les Luthériens,*
Aussi dans la Norwége, vais-je,
Mais la Norwég' n' peint qu' la Norwége,
J' n'y vois qu' des sujets norwégiens.

Le Pic d' Romsdalshorn en Norwége,
En Norwég' la Foudre qui luit,
Le Port de Bergen en Norwége,
En Norwége Scène de nuit.

Des paysages norwégiens,
Les Oiseaux de mer en Norwége.
Bref! les tableaux de la Norwége
Ne sortent pas des Norwégiens.

AIR des **Comédiens** *(C'est un amant que la nature adore)*

Ah! nous voilà dans la froide Russie,
Diable! c'est beau! tout de suite en entrant
J'y vois monsir Barbe Rodzivilie,
Et je n'ai pas fait trois pas, qu'à l'instant

Une autre mort, une mort légendaire,
Tarakanoff, princesse, en sa prison,
Est envahie, à son heure dernière,
Par les torrents d'une inondation.

Une autre mort, et la plus singulière
A contempler des lieux où nous voilà,

C'est à coup sûr celle de Robespierre,
Assez surpris de se voir mourir là.

Que de tableaux représentant la guerre!
Guerre en Crimé', guerre sur la Néva,
Combats partout et sur mer et sur terre,
Au Pont du Diable, Agraghan, Poltawa.

Assez de morts, un peu trop de batailles,
De ces tableaux nous sommes fatigués,
Cherchons-les donc de plus petites tailles,
Et puissions-nous en trouver de plus gais.

Mais non, morbleu! dans mon triste voyage
Je tombe encor sur deux enterrements,
Enterrement à la ville, au village.
Sortons d'ici! — Non! — quels groupes charmants!

Ah! que d'attraits! quelles sont donc ces belles,
Mises, là-bas, comme la Vérité?
Approchons-nous, et sachons ce que d'elles
Dit mon livret, tant de fois consulté.

Ah! c'est Phidias choisissant ses modèles.
L'état de peintre est rempli d'agréments,
Puisqu'il permet de choisir des d'moiselles
Dont la beauté n' tient pas à leurs vêt'ments.

Même en Russie, eh quoi! l'on peut nous rendre
La volupté de ces corps sans défauts!
Ah! je vois bien que l'on peut tout attendre
D'un pays froid, même des sujets chauds.

Air : *Silence, silence, silence*.

Encore des statues!
Comme ell's sont peu vêtues!
Dans la crainte d' nous attarder,
Passons vite sans regarder.

Air de *la Garibaldienne*.

Ah! v'là maint'nant d' la peinture italienne,
Et puis tout à côté de la peintur' romaine.
Il faut, sur l'air de *la Garibaldienne*,
Chanter tant mal que bien
Ce musée italien.

Bisi,
Busi,
Ricardi, ça rimasse;
Bruchi,
Brouchi,
Tocosi — ça me lasse;
Giani,
Rossi,
Palizzi — ça m'agace;
Tout ri-
-me en i
Dans c' musé' peu cocasse.

Mais quel est donc c' grand tableau qui m'étonne?
C'est, me dit mon livret, *les Habitants d' Tortonne*

Attaqués par Barberousse en personne,
Et tous se défendant
Contre cet Hariadan.

La Bor-
Mida,
L' Mariage en Etrurie,
Le Lac, Dorta,
Un Songe, un' Sacristie,
Puis un tableau
Représentant *la Pluie,*
Et *Fontain'bleau,*
Auprès *d'une Ecurie.*

Ah! zut! alors, si c'est là l'Italie,
Je vais aller plus loin prom'ner ma rêverie.
Mais où suis-j' donc? Tiens, me v'là-z-en Turquie,
Ici je suis bien sûr q-
-ue c'est le musé' Turq!

AIR : **Ah! monsieur le sénateur.**

Un' Marin' des plus étranges,
Et *des Moines patrouillant,*
Un Poste, un' Récolt' d'oranges,
Une Dam' turque et son enfant,
Et *la Chanson de Malb'rough,*
Je n' vois qu' six tableaux en tout.
Dans l'empire ottoman
Ça ne va pas en croissant,
Non, ça ne va pas en croissant.

AIR : *La Petit' poste de Paris.*

En Egypte, c'est différent,
Je n'en vois ni petit, ni grand,
Et j'ai beau regarder, j' n'en vois
Pas davantag' chez les Chinois,
Mais la principauté d' Liou-Kiou,
Du moins, n'en montre pas du tout.

AIR des *Trois Déesses* (BELLE HÉLÈNE).

Nous arrivons en Amérique,
Nous v'là dans les États-Unis ;
Là, nous sommes en république,
Et là, sur mon livret, je lis :
Une Cour républicaine
Sous Vashington, et cela pour
Nous prouver qu' même américaine
Partout la république, un jour,
     Finit par avoir sa cour.

AIR : *Ah! j'en rends grâce à la nature.*

Mais que vois-je! arrêtons-nous là :
Un Arc-en-ciel sous les tropiques,
Et *les Chutes du Niagara,*
Monstruosités magnifiques.
La nature dans ces tableaux
M'épouvante, même en peinture ;
Nous n'avons pas d' sit's aussi beaux,
Et j'en rends grâce à la nature.

AIR du *Piano de Berthe*.

Là, dans cet enfer, quels sont ces démons?
De noirs forgerons *forgent des canons*.
De mon cœur déjà la frayeur s'empare :
Verrai-je partout mon siècle barbare
　　　Forger des canons.

AIR *Mes jours sont condamnés, je vais quitter la terre*.

Mais nous ne devons pas chanter jusqu'à l'aurore,
L' musée américain nous f'rait finir trop tard,
Arrêtons-nous pourtant, car là, je vois encore
Le *Portrait de Lincoln, Jane Gray, Mari' Stuart!*
Victimes du pouvoir, nous voyons ces deux reines,
Nous voyons ce grand homme, et nos cœurs attristés
Gémissent qu'ici-bas de misérables haines
Ne préservent, hélas! victoires ni beautés.

AIR : *Ah! il a des bottes*.

　　　Ah! je le r'connais
　　　C'est le musée anglais;
　　　Sur une gigue on va
　　　Vous parler de cela.
　　　Les Anglais sont nos
　　　Plus grands originaux,
　　　Et certes leurs tableaux
　　　Ne sont pas rococos.

　　　En grimaçant ferme
　　　Là, j' vois *des Anglais*

Qui soldent leur terme,
Dieu ! comme ils sont laids.
L'air qu'ont ces Anglais
Prouve qu'ainsi que les Français,
Ils n'aiment pas trop à payer
Leur loyer.

V'là du même auteur
L'Élève et l' professeur,
Tous deux bien agacés,
Tous deux embarrassés.
La natur', la v'là ;
C'est dans ces tableaux-là
,Que, moi, je reconnais
Le talent des Anglais.

De plus d'une lieue
J' viens d'apercevoir
Un' femme tout' bleue
Dans un salon noir.
J'apprends à peu près
Que c'est *la Veille d' sainte Agnès,*
Mais ce que j' puis affirmer, c'est
Que c'est laid.

V'là *Bravo toro;*
C'est un combat d' taureau,
Où l'on peut dir' bravo
A tout, hors au taureau,

Vu qu' sur le tableau
On ne voit pas d' taureau ;
C'est l' public rigolo
Qui fait tort au taureau.

V'là *la Nuit* cruelle
D' la Saint-Barthél'my,
Puis en face d'elle
Voilà *le Défi,*
Le p'tit Ramoneur,
Un tableau qui n' manqu' pas d' couleur,
Et c'tte culott' bleu' c'est, dit-on,
Chatterton.

Ah ! voilà *des blés,*
Des blés, partout *des blés,*
Et puis encor *des blés.*
Que de blés rassemblés !
Vous êtes contraints
De voir tous ces blés peints
Par des mangeurs d' bifteck
Qui n' mang'nt pas d' pain avec.

Voilà l' *Pont du Diable,*
Puis *Un carnaval,*
Un' miss adorable,
Son chien et son ch'val,
Un soleil couchant,
Une religieuse au couvent,

*La Reine Élisabeth souffrant
D'une dent.*

Enfin voilà... mais
J' n'en finirais jamais
Si je vous promenais
Dans tout le musée anglais.
De ces objets d'art
J'ai nommé la plupart,
Et je vais sans retard
Vous mener autre part.

AIR : *Silence, silence, silence.*

Quoi! toujours des statues!
Comme ell's sont peu vêtues!
Dans la crainte d' vous attarder,
Passons vite sans regarder.

AIR : *A coups d' pieds, à coups d' poings.*

Pif! paf! pif! paf! v'là des soldats,
V'là des canons, v'là des combats;
C'est l' musé' d' la France, et quell' gloire!
Dans deux tableaux d' monsieur Yvon,
Faut voir comm' nos soldats y vont :
　　　Des ennemis,
　　A coups d' sabre et d' fusils,
Ils cass'nt la gueule et la mâchoire.

6

AIR : *Ton humeur est, Catherine*

J'y vois des combats par mille,
Bellangé seul en a six;
Et qu' d'autres célèbres piles
Par Beaucé, Protais et Pils!
Y a des tableaux qui font rire
    Et d' fort beaux portraits,
Mais écoutez c' qui m'attire
    Au musé' français.

AIR : *Du haut en bas.*

    Du haut en bas
Je vois là des beautés connues
    Du haut en bas;
J'y puis admirer les appas
D' courtisanes et d'ingénues,
Que nos peintres nous montrent nues
    Du haut en bas.

AIR : *Merveilleuse dans ses vertus.*

V'là d'abord, d' monsieur Cabanel,
Ève et *Vénus*. On sait qu' la s'conde
S'amusait à perdre le monde,
Et qu' la première a perdu l' ciel.

    Peintre fidèle et sévère,
    Monsieur Cabanel les a
    Montré's mises de manière
    A ne perdre que cela.

Je vois encor, du même auteur,
Un' Nymph' dans les bras d'un Satyre.
Des tableaux comm' ceux-là, ça tire
L'attention de l'amateur.

    Un' Femm', de monsieur Landelle,
    S'éveille, et j' vois aussitôt
    Au peu d' draps qu'elle a sur elle
    Qu'ell' dort dans un pays chaud.

L'Enlèvement d'Amymoné
Montre encore un' femme à laquelle
On n' peut rien enl'ver avec elle,
Vu qu'ell' montre tout comm' son né.

    V'là d' Gérome un' plus grand' page ;
    J'y vois, quel charmant abus !
    Qu'*Phryné* d'vant l'aréopage
    S' montre *in naturalibus.*

J' crois que d'vant un jury français
Toutes les femmes de la terre,
En plaidant mis's de c'tte manière,
Gagneraient vite leur procès.

    De Jourdan je vois *un' Femme*
    Qui, dans le simple appareil,
    Sans rougir au fond de l'âme,
    A l'Amour d'mande un conseil.

Ce n'est pas désir de gronder,
Mais je n' sais, le diable m'emporte !

C' qu'un' femm' déshabillé' d' la sorte
A l'Amour peut bien demander.

Le mêm' peintre, à sa manière,
Nous dérobe, en nous montrant
Une *Léda* par derrière,
Ce que l' cygn' fait par devant.

Enfin toute nue et chassant
Une femme à genoux s'enrhume ;
On se d'mand', sous un tel costume,
Quel est le gibier qu'elle attend.

Bref, cett' parti' du musée
Prouv' qu'en c' pays fortuné,
La femm' n'est pas courtisée
Rien qu' pour son luxe effréné.

Et qu' si le d'ssus, parfois, chez nous
Exerce certaine influence,
Tous nos peintres savent qu'en France
On préfère encor le dessous.

RÉCITATIF

Tiens ! me v'là tout au bout de ce musée immense ;
Amis, n'exigez pas que je le recommence.

AIR : *V'là c' que c'est qu' d'aller au bois.*

Je crois en avoir dit assez,
Tout c' que j' connais, vous l' connaissez,

Un amalgame de peintures
  Et de créatures
  Dans tout's les postures,
V'là c' qu'on appelle en général
L' Musée International.

CLAIRVILLE.
Membre titulaire.

LA PYRAMIDE D'OR

—

AIR de *la Petite Margot*.

Ne blâmons plus les Juifs, peuple cupide,
D'avoir jadis adoré le veau d'or,
Au Champ-de-Mars, dans une pyramide
Le monde entier vient l'adorer encor!

Tout un chacun voudrait à sa manière,
Tâter un brin du lingot colossal,
Que monsieur Scribe appelle une chimère,
Et que Platon appelle un vil métal.

Vivre aujourd'hui comme feu Diogène
N'est plus de mode et fatigue à périr!

Pas de plaisir où se trouve la gêne,
Et chacun veut aujourd'hui du plaisir.

Or, le plaisir, sauf le plaisir champêtre,
Qui gît surtout à contempler les cieux,
Voir couler l'onde et ronfler sous un hêtre,
Passé cela devient toujours coûteux.

Mais à Paris, où tout, jusqu'au sourire
D'un pipelet, se cote avec grand soin,
Il faut de l'or, pour prendre, on peut le dire,
Part au plaisir du plus petit besoin.

Nous devons donc écouter sans colère
Dans ses propos la file de flâneurs,
Trouvant que l'or est le seul bien sur terre,
En attendant au ciel des biens meilleurs.

Voici d'abord, un bourgeois, un bon père
Que les écus seuls ont pu dégrossir,
Disant : — Voyez si ce bloc aurifère
Crie assez haut : Sachons nous enrichir !

Car l'or, c'est tout !.. c'est l'amour, c'est la femme,
Titres, honneurs, chevaux, amis, château !
Car l'or peut tout, même racheter l'âme !..
Quand de l'Église il graisse le marteau.

Qui le suivait ? C'était l'ombre débile
De Robinson, qui ne dit qu'un seul mot :
— Non !.. l'or n'est rien !.. je sais que dans mon île
Je serais mort auprès de ce lingot.

Un beau vieillard, que la neige couronne,
Dit à l'enfant qui soutenait ses pas :
— Cet amas d'or, le travail seul le donne
Avec l'honneur qui ne s'achète pas!

Il faut gagner de l'or, et beaucoup même!
Non dans un but d'égoïsme honteux,
Mais pour donner à tous ceux que l'on aime!...
On n'est heureux qu'en faisant des heureux.

A sa bobonne un piou-piou, d'un air tendre,
Vint soupirer : — Si j'avais ces écus...
Je passerais, un', deuss'! sans plus attendre,
Du corps de Mars dans celui de Vénus!

Un gros gourmand, à la large bedaine,
Voyait dans l'or salmis, rôts et pâté!
Mais voyait-il dans une bourse pleine
De quoi pouvoir s'acheter la santé?

— Si je t'avais, trésor du Nouveau-Monde,
Je boirais tant! criait un vieux sergent,
Qu'avant huit jours les rubis de Golconde
Auraient rougi jusqu'à mon nez d'argent.

— Si je t'avais, disait une grisette,
Oscar et moi serions riches tous deux!
Plus de larcins pour payer ma toilette,
Je serais sage et renverrais mon vieux.

— Si je t'avais! dit un joueur cupide,
Je te jouerais pour tripler ta hauteur!

— Pour la tripler, reprit un Juif avide,
J'ai mon moyen plus sûr et moins trompeur.

— Si je t'avais, pensait sous sa flanelle,
Un vieux garçon de sa bonne entiché,
Babet aurait un aide de vaisselle,
Un fiacre au mois pour faire son marché.

— Si je t'avais, il faudrait que tu changes,
Dit un bambin, les maîtres et les pions
En gros banquiers, en gros agents de changes,
Pour abolir colléges, pensions...

— Si je t'avais, disait d'un œil d'envie
Un harpagon, je voudrais m'appauvrir,
Pour te garder, pyramide chérie,
Te caresser et mourir de plaisir !

— Et moi, reprit un luron au franc rire,
En bons écus je te ferais mouler
Sous le profil de n'importe quel sire,
Mais ronds, bien ronds, pour qu'ils pussent rouler.

« Si je t'avais !.. » fut le mot qu'à la ronde
J'ouïs sans cesse, en me disant tout bas :
— Personne, hélas ! de nous dans ce bas monde,
Métal maudit, ne te maudira pas !..

Un couple passe... insoucieux, et laisse
La pyramide et les flâneurs autour...
N'a-t-il donc pas la plus belle richesse :
L'illusion, la jeunesse et l'amour !..

Et moi pourtant, comptant la kyrielle
De mes dix sous à chaque tourniquet,
J'aurais voulu, sortant de la chapelle,
La pyramide entière en mon gousset.

A cette table elle revient, l'impure,
Me dire encor : — Reconnais ma valeur,
Aux oiseaux seuls Dieu donnant la pâture,
Voilà dix francs pour ton restaurateur.

Ne blâmons plus les Juifs, peuple cupide,
D'avoir jadis adoré le veau d'or.
Au Champ-de-Mars dans une pyramide
Tout l'univers vient l'adorer encor.

MAHIET DE LA CHESNERAYE,
Membre titulaire.

LES PIANOS AMÉRICAINS

AIR de *Fanchon*

Lorsque juin nous invite
Au banquet d'été, vite
Rossignolons
Quelques flons-flons...

Mais, peu patriotique,
Le sort offre à mes vœux déçus.
Des pianos d'Amérique :
Tapons d'ssus, tapons d'ssus.

Ne sachant trop qu'en dire,
J'aimerais en médire,
Si leurs succès
N'étaient si vrais.
Ne soyons point avares,
Chansonnons même leurs vertus,
S'ils sont vraiment *des rares,*
Tapons d'ssus, tapons d'ssus !

Comm' chez nous, c'est notoire,
Leurs touches sont d'ivoire ;
Jusqu'à présent
Rien d'étonnant...
Mais sans y voir — v'là l' drôle ! —
Qu'un vieil aveugle, nègre et mus-
-icien nous enjôle...
Tapons d'ssus, tapons d'ssus !

Sur ce clavier magique
Qui nous vient d'Amérique.
On fait des *rés*
Confédérés...
L'enveloppe est mignonne,
Cuivre et citronnier confondus,

Et la caisse *jaun' sonne!..*
Tapons d'ssus, tapons d'ssus!

Au diable soit la rage
Qui prend ce peuple sage!..
De tapageurs
Les v'là facteurs,
Ils avaient, comme artistes,
Déjà des revolvers bourrus;
S'ils deviennent pianistes,
Tapons d'ssus, tapons d'ssus!

Du piano d'Amérique
J'ai ri, c'est authentique;
Cet instrument
Est beau pourtant...
Mais quand j' vois des barbares
Exposer leurs canons ventrus,
En guise de guitares..
J' crie alors : Tapons d'ssus!

C. DEMEUSE,
Membre associé.

LES DIAMANTS DE LA COURONNE

Air des *Infiniment petits.*

Quel sujet le Caveau me donne!
Je viens avouer, tout confus,

Que les joyaux de la couronne...
Non, jamais je ne les ai vus.
Quand partout on leur sacrifie,
Ces joyaux ne m'ont pas tenté,
Et quand chacun les déifie,
Je n'adore que la beauté.

Bijoux, dans l'ombre et le mystère,
Vous soldez tous les déshonneurs;
Vous favorisez l'adultère,
Vous êtes l'appât des voleurs;
Bien souvent, après la victoire,
Consacrant le droit du plus fort,
Vous servez d'appoint à la gloire
Du vainqueur, eût-il cent fois tort !

Si j'avais eu dans ma jeunesse
Ces joyaux, quel qu'en soit le prix,
Pour un regard de ma maîtresse
J'aurais donné tous les rubis;
Et j'aurais donné les topazes,
Les turquoises et les brillants,
Pour soulever les flots de gaze
Qui voilaient ses appas naissants.

Et sans attendre ses prières
J'aurais, devançant ses placets,
Donné pendeloques, rivières,
Broches, boutons et bracelets;

Jaloux de la savoir heureuse,
Devinant ses moindres désirs,
J'aurais, pour la rendre joyeuse,
Gaîment donné tous les saphirs.

J'aurais, pour un de ses sourires,
Donné cornalines, grenats,
Quand à nos amoureux délires
Succédaient nos tendres ébats;
Elle avait pour moi tant de charmes
Que j'aurais donné, tout joyeux,
Mille perles pour quelques larmes
Que je buvais dans ses beaux yeux.

Et quand je la voyais boudeuse,
J'aurais, pour un coup d'éventail,
Offert à ma belle amoureuse
Lapis, opales et corail.
Pour baiser ses lèvres mi-closes
Oui j'aurais, dans certain moment,
Sans les compter donné les roses,
Et mis à ses pieds le *régent*.

Aujourd'hui, non, rien ne me tente
Dans ces joyaux, mais à vingt ans,
J'aurais engagé chez ma *tante*
Émeraudes, perles, brillants,
Et j'aurais fait à ma mignonne,
Heureux de combler ses désirs,

7

Des diamants de la couronne
Une couronne de plaisirs.

FRÉDÉRICK BROUSMICHE,
Membre associé.

LE PUBLIC

POT-POURRI

AIR : *Un homme pour faire un tableau.*

Il me faut chanter le public
Que l'Exposition attire;
Comment faire ? voilà le *hic*,
C'est un vertige, un vrai délire,
Tant de monde vient à la fois
Dans ce bazar plein de merveilles,
Que je ne sais plus si je dois
Ouvrir ou boucher mes oreilles.

AIR : *Aussitôt que la lumière.*

J'y vois des caricatures
De province et de Paris,
Les plus drôles de tournures,
Les plus jaunes des maris;

J'aperçois une famille
Arrivant de Carpentras,
Et dont la petite fille
Tient un toutou dans ses bras.

AIR : *La plus belle promenade.*

J'y vois de jeunes Anglaises
Et de vieilles miladys,
Toutes sortes de Françaises,
Des paysans, des dandys,
Des Tyroliennes grivoises
Venant du quartier Bréda,
Et jusqu'à des Bavaroises
Qui vous offrent un soda.

AIR : *Dans la paix et l'innocence.*

J'y vois des Turcs, des mulâtres,
J'y vois des noirs et des blancs,
Des Espagnoles folâtres,
Des Siamois, des Persans,
Des houris voluptueuses
Fumant leur narguillé bleu,
Et des dames tapageuses
De l'Empire du Milieu !

AIR : *Suzon sortait de son village.*

Dans la foule, les gens honnêtes,
Sont, je crois, en majorité,

Mais il est certaines binettes
Qui causent mon anxiété :
Mille filous
D'or, de bijoux,
Cherchent toujours à remplir leurs sacoches ;
Ils vont poussant
Chaque passant,
Leur voisinage est fort embarrassant.
Sans peur, mais non pas sans reproches,
Ils travaillent en amateurs :
Ce sont autant de visiteurs
Qui visitent vos poches.

Air du *Pas redoublé.*

Il faut voir dans les restaurants
Comme la foule abonde !
A leurs tables, sur plusieurs rangs,
Se presse tout un monde :
On y mange et boit à grands frais.
Dans de belles boutiques,
Et l'on écorche le français
Ainsi que les pratiques.

Air : *Gaiment je m'accommode.*

Par des Chinois de race
Flatté,
On accepte une tasse
De thé ;

Quant à moi, je préfère
A l'eau
Les chinois de la mère
Moreau.

AIR : *Dans les gardes françaises*.

Lorsque l'on fait sa ronde
En flâneur parisien,
On voit beaucoup de monde
Au café tunisien ;
Les garçons, jambes nues,
Servent une liqueur,
Qui, même aux ingénues,
Met du noir dans le cœur.

AIR : *Tout ça tourne*.

Dans la salle des métiers,
Comme à l'entour des vitrines,
On se presse par milliers
En dépit des crinolines ;
Là, les toiles les plus fines
Se tissent en peu d'instants ;
Les dames et les machines,
Tout ça tourne en même temps.

AIR : *L'ombre s'évapore*.

Mais soudain la foule
S'agite, se roule,

En longs flots s'écoule,
Et, d'un bond léger,
Chacun va plus vite,
On se précipite,
Voici la visite
D'un prince étranger !
De sa voiture,
De sa figure,
De sa tournure
On est curieux.
Tel qu'une chose,
Que l'on expose,
Ce prince pose
Devant tous les yeux.

AIR de *Pilati*.

Le soir, un cercle magnifique,
Éclairé de mille lueurs,
Ainsi qu'un théâtre comique
Attirent mille visiteurs ;
Le gaz, qui partout étincelle,
Reflète maint original,
C'est le monument qu'on appelle
Le Cercle international !

AIR de *la Valse des Comédiens* ou de *la Petite Margot*.

Enfin on voit des gens de toute espèce
Peupler ces lieux, où triomphent les arts,

Où l'industrie étale sa richesse,
Où le progrès éblouit les regards.

Le Champ-de-Mars, ce champ fait pour la guerre,
Ne contient plus de farouches soldats ;
Vous y voyez, comme une fourmillière,
De bons bourgeois y prenant leurs ébats.

C'est maintenant une superbe arène,
Où les talents se disputent le prix,
Une assemblée où la Paix trône en reine,
C'est une ville aux abords de Paris.

Il semblerait que la main d'une fée
A tout d'un coup construit ce grand bazar,
Et, pour la France élevant un trophée,
Veut atteler les peuples à son char.

Aussi, les rois, que notre gloire excite,
Et les sujets de chaque nation
Sont-ils venus nous faire leur visite
Et s'exposer à l'Exposition.

On a reçu la Prusse, la Russie,
Et l'Angleterre et l'envoyé persan,
Les Suédois, le Japon, la Turquie,
Le Portugal, le Belge et le Sultan.

Grands et petits, des gens de toute espèce,
Peuplent ces lieux où triomphent les arts,
Où l'industrie étale sa richesse,
Où le progrès éblouit nos regards.

J. LAGARDE
Membre honora:

LES PICK-POCKETS

—

Air : *Allez-vous-en, gens de la noce.*

Lorsque je vois dans ma *Patrie*,
Ici je parle du journal,
Que du Palais de l'Industrie
Les filous font leur arsenal ;
Que tous les jours, et quoi qu'on fasse,
Il s'y dérobe aux tourniquets
Bourses, mouchoirs, montres, paquets,
Quel que soit l'endroit où je passe,
Je crois flairer des pick-pockets.

Poursuivi par cette pensée
Qui porte atteinte à ma raison,
Dans ma terreur plus qu'insensée,
Je voudrais, nouveau Robinson,
Vivre bien loin de ce que j'aime,
Tout seul avec un perroquet,
Quelques chèvres, un bon mousquet,
Sans Vendredi, car en lui, même,
Je croirais voir un pick-pocket.

Dans le monde j'allais naguère,
Et j'avais des amis nombreux,
J'éprouvais un bonheur sincère
A me rencontrer avec eux ;
Mais désormais plus de visite,
Tout bon accueil me rend inquiet,
Et dans l'ami le plus parfait,
A dîner pour peu qu'il m'invite,
Je crois flairer un pick-pocket.

Sans l'avoué, sans le notaire,
Jadis je n'entreprenais rien,
Et de maint conseil salutaire
Je me trouvais toujours fort bien.
Avocats, avoués, notaires,
N'ont plus de droits à mon respect,
Chacun d'eux me semble suspect :
Aussitôt qu'il me parle affaires,
Je crois flairer un pick-pocket.

Il n'est pas jusqu'à ma maîtresse
Sur qui ne planent mes soupçons ;
Chaque baiser, chaque caresse
Sont des signes de trahisons !
Quand sa bouche se fait câline
Et qu'elle prend son air coquet,
C'est qu'elle en veut à mon gousset ;
Et dans sa main qui me lutine
Je vois la main d'un pick-pocket.

A cette fête pour me rendre,
Aujourd'hui je n'étais pas fier;
Pour arriver il fallait prendre
Une place au chemin de fer;
Or, j'étais loin d'être tranquille,
En me présentant au guichet
Pour y réclamer un billet :
Public, gardiens, sergents de ville,
Pour moi tout était pick-pocket.

Bref, maintenant je puis le dire,
Des trucs et de l'habileté
De tous ces voleurs à la tire
On m'a si bien épouvanté,
Que je tremblais à cette table,
Tant qu'a duré notre banquet,
Car de céans le *mastroquet*
A la mine par trop affable
Pour ne pas être un pick-pocket.

STEPHEN DUPLAN.
Membre titulaire

LES SURVEILLANTS

(OU GARDIENS)

AIR : *Pégase est un cheval qui porte.*

Surveiller est une manie
Dont beaucoup de gens, ici-bas,

Se permettent la fantaisie,
N'étant pas chiches de leurs pas.
A l'Exposition, sans cesse,
Auprès des allants, des venants,
Vous verrez, en fendant la presse,
S'avancer bien des surveillants.

L'un surveille les galeries,
Où la foule arrive à grands flots,
L'autre observe les écuries,
Le douanier veillé aux impôts;
Les *water-closet* des *ladies*,
A Londres toujours si décents,
Pour être exempts de perfidies
Chez nous veulent des surveillants.

En surveillant mainte Aspasie,
On surveille aussi des chameaux,
Tous ne venant pas d'Arabie,
Superbes sous leurs oripeaux;
Puis l'un surveille sa voisine
Aux doux yeux, aux attraits piquants;
L'autre s'en tient à la cuisine,
Et l'on ne voit que surveillants.

Que vois-je! et quel est donc cet homme
Au regard fixe, au bras tendu?
Pick-poket, je crois, on le nomme,
Il surveille... c'est entendu!

Le bon grain se mêle à l'ivraie,
Et les filous aux braves gens,
Enlevant leur porte-monnaie,
En dépit de fins surveillants.

En ces lieux tout a mon estime,
J'ai grand' peine à m'en détacher;
C'est superbe et parfois sublime...
Mais deux mains semblent se chercher :
Un amateur à l'exposante
Glisse son nom, ses sentiments,
Et lui dit : — Vous êtes charmante!
En se moquant des surveillants.

Depuis la gare, où chacun veille,
On veut te traiter en milord;
Bon voyageur, on te surveille
Pour mieux exploiter ton trésor.
Bref, partout c'est la même histoire :
Hôtels, théâtres ou marchands,
Vendre, acheter, donner, pourboire...
Rien n'échappe à ces surveillants.

J'aime à contempler la richesse,
Non sans l'envier toutefois,
Ni dédaigner une Suissesse
Aux longs cheveux, au frais minois;

Je suis certain que la Chinoise,
Que l'Anglaise aux immenses dents,
Et que la Russe et la Hongroise
Ont chacune leurs surveillants.

Je devrais surveiller la rime,
Trouver le trait pour ma chanson,
Ou même, en gardant l'anonyme,
M'épargner certaine leçon;
Hélas! notre faiblesse humaine
Veut qu'on cherche les accidents;
Non moins hardi que Diogène,
Je sais braver mes surveillants.

AD. AULAGNIER,
Membre correspondant.

LE DROMADAIRE

Air de *Marianne.*

Chacun de vous à cette fête
Accourt, plein d'inspiration,
Et vient, pour acquitter sa dette,
Décrire l'Exposition.

Orgues, machines,
Buffets, cuisines,
Canons prussiens, voitures et chapeaux,
Riches parures,
Photosculptures,
Vont exciter vos joyeux chalumeaux;
Moi seul, et je ne puis le taire,
En voyant sa gibbosité,
Je n'ose chanter la beauté
Qu'offre le dromadaire!

Ces quadrupèdes fort ingambes,
Qui chérissent la liberté,
Lentement allongent les jambes
Lorsqu'ils sont en captivité,
Et quand leur maître
Leur fait paraître
Un air farouche ou le moindre courroux,
Ils se soumettent
Et puis se mettent
Très promptement devant eux à genoux.
Enfin à Paris comme au Caire,
Par son air souple et complaisant,
Rien ne ressemble au courtisan
Comme le dromadaire.

Si j'en crois la mythologie,
Lorsqu'il convoitait un objet,

Pour faire une amoureuse orgie,
Jupin en bête se changeait,
Et chaque belle,
Fort peu cruelle,
Auprès d'un cygne, à côté d'un taureau,
Sans nulle crainte
Et sans contrainte,
S'abandonnait à cet amant nouveau.
Croyez-vous qu'il aurait su plaire
Au sexe prêt à s'enflammer
En prenant pour se faire aimer
L'aspect d'un dromadaire ?

Un bossu, que partout l'on cite
Pour son esprit original,
Chaque jour va rendre visite
A ce gigantesque animal.
Près de la bête,
Lorsqu'il s'arrête,
En le toisant, il dit d'un air joyeux :
— Sans réticence
Je puis, je pense,
Rire des gens qui m'appellent Mayeux,
Car lorsque l'on me considère,
Nul ne saurait nier le fait,
C'est que je parais fort bien fait,
Auprès du dromadaire !

L'Exposition nous attire
Le soir dans ses charmants jardins,
Où la beauté vient y sourire
Aux petits crevés, aux gandins.
Quittant Mabille,
La troupe agile
Accourt en foule auprès des étrangers.
Toutes ces biches
Ne sont pas chiches,
De leur montrer des attraits mensongers...
Mais qu'entends-je! un malin confrère
Me dit : — Dans ce dernier tableau
Tu ne parles que du chameau,
Et non du dromadaire.

LYON,
Membre titulaire.

LE PHARE

—

AIR : *Ne raillons pas la garde citoyenne.*

De par le sort, je dois chanter le phare ;
C'est un sujet peu propre à la gaîté,
Mais grâce à lui, ma muse un peu bizarre
Pourra du moins montrer de la clarté.

Qu'est-ce qu'un phare? une vive lumière
Que de la mer on voit au loin briller;
C'est le signal, la flamme tutélaire
Qui, vers le port, guide le nautonnier.

Quand vers son feu le navire s'avance,
Après avoir longtemps bravé la mort,
Le voyageur renaît à l'espérance,
Cette lueur lui dit : Voici le port!

Mais notre vie est, de même, un voyage.
Qui dans son cours offre plus d'un danger;
Heureux qui peut éviter le naufrage
Et vers le bien toujours se diriger.

Pour éclairer son inexpérience,
L'étudiant sage et laborieux
Avec ardeur marche vers la science,
Dont il se fait un phare précieux.

Mais trop souvent, vive et folle jeunesse,
Tu prends pour phare un feu follet trompeur,
Et ton esquif, oubliant la sagesse,
Va se briser sur l'écueil du malheur!

Phare d'amour, c'était toi qu'un cœur tendre
Faisait briller sur les murs de Sestos,
Quand vers Héro nageait le beau Léandre,
Abandonnant les rochers d'Abydos.

Lorsque de lui l'ambition s'empare,
L'homme vaillant va courir aux combats,

Il brave tout, et la gloire est le phare
Qui le conduit... bien souvent au trépas.

On aime à voir un ministre sévère
Auprès d'un roi, son maître et son ami ;
Tel fut Sully, sage plein de lumière :
C'était un phare à la cour de Henri.

Espérons-le, dans une paix profonde,
Et de nos lois corrigeant les travers,
La Liberté, faisant le tour du monde,
Va, de son phare, éclairer l'univers.

Mais, quant à moi, le phare qui m'attire
Et vers lequel je vais toujours gaîment,
C'est ce banquet où l'amitié m'inspire,
Où le plaisir s'unit au sentiment.

De par le sort, j'ai dû chanter le phare,
Et si mes vers ont manqué de gaîté,
J'espère, amis, que ma muse bizarre
A su, du moins, montrer de la clarté.

A. BUGNOT,
Membre titulaire.

LE LAC

Air du Fleuve de la vie.

Au Champ-de-Mars, en miniature,
On expose à nos yeux surpris

Un petit lac où la nature
De sa grande main n'a rien mis.
Le badaud parfois s'extasie
Sur ce ruisseau fait au compas...
C'est égal ! cela ne vaut pas
  Un lac de l'Helvétie !

D'un grand phare l'on voit descendre
Des feux qui colorent ses flots.
Est-ce pour un nouveau Léandre
Le doux signal, rasant les eaux ?
Une Héro, très dégourdie !
Est prête à lui tendre ses bras...
C'est égal ! cela ne vaut pas
  Un lac de l'Helvétie !

Certain Narcisse au front bizarre,
En jaquette en forme de sac,
Stick en main, fumant un cigare,
Ira se mirer dans ce lac.
Mais comme il tient fort à la vie,
Ne craignons rien pour son trépas...
C'est égal ! cela ne vaut pas
  Un lac de l'Helvétie !

On m'a dit que son eau si claire !
Des carpes de Fontainebleau
Verra la bande séculaire :
Ce sera de *l'ancien-nouveau !*

Une truite bien servie
Me plairait mieux dans un repas...
C'est égal! cela ne vaut pas
    Un lac de l'Helvétie!

Nos petites dames de France,
Pour fêter ce lac d'Opéra,
Dédaignent le *lac de Constance :*
Certes, chacun le comprendra!
La constance est une folie
Pour qui loue au mois ses appas...
C'est égal ! cela ne vaut pas
    Un lac de l'Helvétie!

JUSTIN CABASSOL,
Membre titulaire.

LES CARPES DE FONTAINEBLEAU

Cet amas de chefs-d'œuvre et toutes leurs beautés
Ces grâces, ces parfums, ces beaux-arts, ces clartés,
Le bruit universel d'une grandeur suprême,
Suffisaient à résoudre enfin le grand problème...

Ils avaient tant forgé, si fort analysé,
Laminé, transmuté, brisé, ruolizé;
Tiré du roc l'argent, du sable les fontaines,
De leurs déserts glacés les peuplades lointaines.

Le Champ-de-Mars était un immense miroir;
Les peuples accouraient, empressés à s'y voir
Terribles et charmants; en leur simple parure,
Ou blindés sous l'acier de leur quadruple armure.

Ils étaient au complet, travail et nation,
Chacune à son métier, son œuvre ou son sillon;
D'autres à leurs plaisirs, toutes à leurs répliques :
Vivent les royautés! honneur aux républiques!

Mais en voulant trop faire, on dégrade à plaisir
L'objet de notre étude et de notre loisir.
Pourquoi, le savez-vous, dans ces tristes allées,
Sous leurs habits d'emprunts ces filles étalées?

J'entends les corrupteurs qui disent au passant :
— Veux-tu déshonorer un village innocent?
Nous changerons Margot en simple villageoise
De Rome ou de Venise, Anglaise ou Bavaroise.

Margot aura la rose à la joue, au côté
La fleur de l'oranger, les bluets de l'été
En couronne, et sa main portera la houlette;
On l'appelle Aglaé, Kettly, Bertrande, Annette.

— *Té!* dira celle-ci; mais celle-là dira :
— *Ia!* Pas un *oui!* sinon quelque *oui* d'opéra;

Et nous de célébrer ces charmantes bergères
Des quatre nations, fidèles et légères!

C'est, sans doute, pour mettre ainsi l'ombre au tableau
Qu'ils ont fait rechercher jusqu'à Fontainebleau
Ces monstres de la boue, hôtes de l'immondice,
Exhalant cette odeur d'Œil-de-bœuf et de vice,

La carpe à bouche en cœur, dans le fond de l'égout;
Jamais on n'y toucha par haine et par dégoût;
Elle a quatre cents ans et n'aura pas de cesse,
La triste éternité! la hideuse vieillesse!

Elle rase la vase en quémandant son pain,
Rongeant tous les débris, prenant de toute main :
Qui lui jette est le roi, qui l'emplit est la reine,
Et les sots d'admirer cette bête malsaine!

Elle bâille à la Muse, elle bâille à l'amour,
Elle bâille au bonheur fugitif d'un beau jour,
A la grâce, à la gloire, au génie elle bâille;
Ça porte anneau royal, et ce n'est rien qui vaille!

Elle n'a jamais su le nom de tous ces rois,
Ces illustres Bourbons et ces galants Valois,
Et de ces beaux esprits la race droite et rare,
Traitant comme une sœur, la reine de Navarre.

Ces beaux lieux, tour à tour, en vain ont abrité
Gabrielle et Vinci, le talent, la beauté,
L'honneur avec Bayard; mais tant d'honneur dérange
Notre goule. Elle a faim, qu'on la serve, elle mange!

Lorsque François premier à Pavie eut perdu
Fors l'honneur, toute chose, et lorsqu'il eut rendu
Son épée, un sanglot funèbre, horrible, immense,
Remplit Fontainebleau, veuf de son roi de France.

La carpe, au même instant, sur le bord du fossé
Nageant tranquillement, songeait : Est-ce insensé
De courir les hasards de lointaines batailles,
Lorsqu'on peut s'amuser si bien dans nos murailles !

Quand Charles neuf rentrant, tout pâle et tout sanglant
De son peuple égorgé, dans son palais brûlant,
La dame au frais trouvait que si douce est la vie,
Et s'inquiétait peu de l'énorme agonie !

Vaincu par son sénat rempli de trahison,
César interrogeait cet immense horizon
Pour savoir d'où viendra quelque amitié fidèle ?
Et tout Fontainebleau disait : C'est un rebelle.

L'histoire quelque jour nous redira comment
Ces requins de l'ordure, en leur accouplement,
Dans la fange ont produit, les femmes et les hommes,
Maîtresses et seigneurs de l'époque où nous sommes.

JULES JANIN,
Membre honoraire.

LES CHALETS SUISSES

Air de Kettly (*Heureux habitants*.

Heureux habitants
Des beaux vallons de l'Helvétie,
Vraiment, de tout temps,
Vous me semblâtes embêtants,
Surtout en ballets;
Mais aujourd'hui ce qui me scie,
Ce sont vos châlets
Qu'il faut chanter dans mes couplets.

C'est là mon travers,
J'ai toujours détesté la Suisse,
Pour ses froids hivers;
Puis, son nom, ennemi des vers,
Jamais ne pourra
Rimer richement qu'avec *cuisse;*
On en conviendra,
Le bon goût toujours s'en plaindra,

Son Guillaume Tell,
Malgré sa superbe musique,

Chef-d'œuvre immortel,
Me semble d'un ennui mortel;
Et feu monsieur Jouy,
Avec ce héros trop classique,
Ce bon monsieur Jouy
M'a toujours très peu réjoui.

Quant à ses glaciers,
Quant à ses monts couverts de neige,
Chers aux épiciers,
Et qu'admirent les plumassiers,
Parisien fini,
A tous ces glaciers-là, dussé-je
Me voir agoni,
Moi, je préfère Tortoni.

On dit cependant :
— Ce peuple est d'un fameux calibre,
Fier, indépendant...
C'est un éloge outrecuidant.
Nous louant ses bras,
N'a-t-on pas vu ce peuple libre
Fournir nos États
De concierges et de soldats?

En termes polis
Vous parlerai-je des Suissesses,
Ces blondes Kettlys
Qui des voyageurs font les lits?

Gros pieds, gros tétons,
Grosses mains, voilà les princesses;
Hors de leurs cantons
Cela s'appelle des gotons.

On vous citera,
Comme un attrait pour le touriste,
Les ours du Jura
Qu'à Berne l'on vous montrera.
Admirez leurs tours;
Pour moi, comme vaudevilliste,
Je n'aurai toujours
Qu'un faible penchant pour les *ours*.

Restent les châlets,
Ces châlets qu'il faut que je chante,
Et que, beaux ou laids,
Le sort inflige à mes couplets.
Parmi ces châlets,
Sans me montrer d'humeur méchante,
Je dois l'avouer,
Je n'ai trouvé rien à louer.

Dans notre palais
En vain les Suisses les transfèrent,
Des fameux châlets
D'Uri, de Zurich, du Valais,
Que vous dire ici?
Ces châlets en rien ne diffèrent

De ceux de Passy,
D'Enghien et de Montmorency.

Bref, pour mes vingt sous,
J'ai visité les *Châlets suisses*,
J'ai vu ces joujoux
Dedans, dehors, dessus, dessous;
Alors, me sentant
Mal à la tête et mal aux cuisses,
Contre eux protestant,
Moi, je m'écriais en partant :

Heureux habitants
Des beaux vallons de l'Helvétie,
Ah! dans aucun temps
Vous ne fûtes plus embêtants!
Mes maux sont complets;
Car aujourd'hui ce qui me scie,
Ce sont vos châlets,
Qu'il faut chanter dans mes couplets!

EUGÈNE GRANGÉ,
Membre titulaire.

LES MAISONS A BON MARCHÉ

—

Air de *Marianne*.

Depuis qu'on transforme la ville,
Le travailleur, pour se loger,

Voit la tâche si difficile
Qu'à peine ose-t-il y songer;
Plus de chambrettes
Simples, coquettes,
Où s'abritaient employés, ouvriers,
A chaque étage
C'est une rage!
On ne veut plus loger que des rentiers :
Puisque pour le millionnaire
On fait un Eden de Paris,
Pourquoi rendre ce paradis
L'enfer du prolétaire?

J'ai vu des splendeurs sans pareilles
Au parc de l'Exposition;
J'ai vu d'admirables merveilles
Produits de chaque nation;
Maroc, Turquie,
Egypte, Asie
Font admirer leurs palais somptueux.
Marbres, sculptures,
Or et peintures
A chaque pas éblouissent les yeux :
Certes, ce luxe est nécessaire,
Mais combien je suis plus touché
Par les maisons à bon marché,
Palais du prolétaire!

Grâces à la philanthropie
On peut, sans presque rien payer,

Avec un peu d'économie,
S'affranchir enfin du loyer;
Chaque semaine,
Sans nulle peine,
Vous prélevez deux francs sur votre gain,
Puis en échange,
Prodige étrange!
Vous acquerrez et maison et terrain :
Pour devenir propriétaire,
Il suffit de trois mille francs,
Que pourra verser en vingt ans
Tout sage prolétaire.

La maison sans doute est petite,
Mais qu'importe! un sage l'a dit,
Elle paraît grande bien vite
Quand d'amis vrais elle s'emplit!
Comme on respire,
Quand on peut dire :
— Je suis chez moi, dans ma propre maison,
Je puis sans crainte
D'aucune plainte
Peindre ce mur, changer cette cloison!
Mes enfants peuvent se distraire,
Jouer, sauter, rire ou crier,
Sans qu'intervienne le portier,
Tyran du prolétaire!

Pour vite revoir sa demeure
On travaille avec plus d'entrain.

On rentre chez soi juste à l'heure
Pour rester jusqu'au lendemain ;
On se repose
Ou l'on arrose
Arbres et fleurs ornant le jardinet,
Puis en famille
Sous la charmille
On vient dîner si le temps le permet.
On plaint le riche locataire
Parqué dans d'étouffants salons,
On gobe l'air à pleins poumons,
Santé du prolétaire !

Gloire à vous, âmes généreuses,
Qui toujours recherchant le bien,
Près des classes laborieuses
Prenez le progrès pour lien :
Rendre possible
Ou peu pénible
Aux travailleurs l'achat d'une maison ;
Faire connaître
Un tel bien-être
A ceux qui n'en avaient aucun soupçon,
Quelle œuvre grande et salutaire,
Quoi de plus moralisateur !
Vos noms resteront dans le cœur
De chaque prolétaire.

C. GROU,
Membre titulaire.

LA CRÈCHE SAINTE-MARIE

——

Air du *Carlin de la marquise.*

Quand l'industrie et les beaux arts,
Dans une arène magnifique,
Viennent offrir à vos regards
La grande lutte pacifique;
Oui, le spectacle est imposant...
Mais pénétrez, je vous en prie,
Dans ce petit pavillon blanc,
Dans la crèche Sainte-Marie.

Autour de ce riche surtout
Voyez la foule qui se presse;
Chef-d'œuvre de luxe et de goût,
Il symbolise l'allégresse;
Des banquets splendide ornement...
Mais allez voir, je vous en prie,
Les petits couverts de fer-blanc
De la crèche Sainte-Marie.

Toute fière de ses atours,
Que cette poupée est donc belle

Avec sa robe de velours!
Qu'en dites-vous, mademoiselle?
Elle coûte beaucoup d'argent!..
Mais allez voir, je vous en prie,
Les petits joujoux de bois blanc,
De la crèche Sainte-Marie.

Sans doute agissant de concert,
Pour plaire à quelque châtelaine,
Thétis et Plutus ont couvert
De nacre et d'or ce lit d'ébène;
Les rideaux en sont ravissants...
Mais allez voir, je vous en prie,
Les petits berceaux frais et blancs,
De la crèche Sainte-Marie.

Oui, c'est à l'Exposition,
Que, pour nous reposer du faste
Qu'étale chaque nation,
Nous voyons, par un doux contraste,
La Charité modestement
Provoquer notre rêverie,
Dans ce petit pavillon blanc,
Dans la crèche Sainte-Marie!

JULES DE BLAINVILLE,
Membre titulaire.

LE CERCLE INTERNATIONAL

—

AIR des *Méli-mélo*.

Du CERCLE INTERNATIONAL
Je dois, céans, vous rendre compte ;
Or, dans ce but, j'y vais, je monte
Sous un prétexte assez banal.

On me dit : « Au grand *Gazomètre*,
» A l'immense *Jeu d'oie*, eh bien !...
» Qu'avez-vous mis ? qu'allez-vous mettre ?
» Qu'avez-vous exposé ? »

      — « Moi ? Rien. »

 — « Si vous n'avez rien exposé,
» Vous ne pouvez entrer au *Cercle* ;
» Remettez le petit couvercle
» Qui vous sert de chapeau. »

       — Rusé,
J'insiste et dis que je suis membre
Du CAVEAU, ce cercle chantant ;
Alors, sans plus faire antichambre,
Je suis admis presque à l'instant.
Au Club international
Je pénètre donc, moi profane ;

Peste du mot qui me condamne
A faire ce procès-verbal !

Car le Cerle n'est, à tout prendre,
Qu'un pied à terre universel
Et dam !... Je n'y puis rien comprendre,
Je suis à la Tour de Babel.

J'y vois passer, comme un simoun,
Des Chinois, des Turcs, des Arabes,
Je saisis des mots, des syllables,
Et *Sa-lam-lick* (1) et *Ta-ï-coun* (2) !

J'y vois des Français qui dénigrent
Et nos travaux et nos progrès,
Lorsque tous les peuples émigrent
Pour les admirer de plus près ;

Puis quand tous ces braves gens-là,
Au sein des plaisirs et des fêtes,
Se sont compris... par interprètes,
Tout change d'aspect — et voilà

Qu'un enthousiasme sincère
Éclate de chaque côté ;
Tout cœur bat, toute main se serre,
Tout parle de fraternité.

Je devine alors le vrai but
D'un cercle où chacun communie

(1) Pavillon du Vice-Roi d'Égypte.
(2) Empereur du Japon.

Avec l'universel génie
Payant au progrès son tribut.

Soudain, la verve me transporte,
Et je rêve un hymne insensé.....
Diable! il ne faut pas que je sorte
Du cercle que l'on m'a tracé.

J'y rentre & je dis au total :
C'est une idée en tout splendide
Que celle qui, là-bas, préside
Au Cercle international.

ALEXANDRE FLAN,
Membre titulaire, Président.

LE TOMBEAU MEXICAIN

—

AIR : *Je loge au quatrième étage.*

De la gaîté derniers adeptes,
Marchons-nous bien vers notre but?..
Et devons-nous traiter d'ineptes
Ceux qui raillent notre institut?
Avec la tâche à moi donnée,
Puis-je gaîment, le verre en main,
Pour vous obéir cette année,
Chanter le tombeau mexicain?

D'études pour beaucoup sans doute
Ce tombeau peut-être un sujet,
Mais on a fait bien longue route
Pour mouler ce lugubre objet ;
Sa structure est originale,
Mais on l'imiterait en vain :
Qui donc pour pierre sépulcrale
Voudrait un tombeau mexicain ?

Le pays mexicain en France
Est du reste en mince faveur ;
Nous y partions pleins d'espérance,
Nous revînmes la mort au cœur.
Malgré le succès de nos armes,
Pour ce peuple sans lendemain,
Nos fils sont morts... coulez, nos larmes,
Près de ce tombeau mexicain !

Sans doute une grande pensée
Nous guidait vers ces bords lointains ;
Mais des alliés délaissée
Notre armée en vint seule aux mains !...
Puebla !... Mexico... quelle gloire !
Ont vu, comme au sol africain,
Flotter nos signes de victoire
Sur plus d'un tombeau mexicain.

Le badaud qui chez nous abonde,
Alléché par l'appât de l'or,

A cru qu'un *bon* du Nouveau-Monde
Était à lui seul un trésor...
Obligations... riches primes...
Quel four, hélas!.. car dès demain,
On peut des titres des victimes
Remplir le tombeau mexicain.

Cette idée est peu rassurante
Et je n'en ai pas la primeur,
Mais ma muse persévérante
Glane partout avec ardeur !...
Enfin, au bout de ma corvée,
Je revois d'un œil plus humain
Cette œuvre à grands frais élevée :
Salut au tombeau mexicain !..

HIPPOLYTE FORTIN,
Membre correspondant.

LE CARILLON

AIR : *Non, jamais, jamais, jamais,*
Je ne quitterai ma chaumière.

Sonne, joyeux carillon !
    Que tes clochettes

Gentillettes
A nos cloches trop replètes
Fassent baisser pavillon.
Mieux qu'un triste bourdon, j'aime un gai carillon !

Dans ce concours, où les deux mondes
Ont chacun payé leur tribut,
Chef-d'œuvre de veilles fécondes,
Noble carillon !... vois le but.
        Notre honneur est en cause,
        Point d'hésitation,
        Tu sais à quoi t'expose
        Cette Exposition !

Sonne, joyeux carillon ! &.

De la vieille *Samaritaine*,
Du Pont-Neuf jadis l'ornement,
Je me rappelle la fontaine
Et le carillon sautillant !
        Sa naïve éloquence
        M'est un doux souvenir,
        Et cette souvenance
        Semble me rajeunir !...

Sonne, joyeux carillon ! &.

Lutèce est toujours dans l'attente,
Car Saint-Germain, dit *l'Auxerrois*,

De son carillon que l'on vante
Nous avait annoncé la voix ;
 A se faire connaître
 Plus longtemps s'il tardait,
 On croirait qu'il doit être
 De naissance... muet !

Sonne, joyeux carillon ! &.

Dunkerque, ville un peu flamande,
Fière d'un carillon fameux,
Fit, dans sa liberté trop grande,
Quelquefois railler nos aïeux...
 Tu sauras, je l'espère,
 Éviter cet écueil :
 Cocu ! cocu ! mon père !
 Ne doit franchir ton seuil !

Sonne, joyeux carillon ! &.

Laisse la cloche solitaire
Tinter le glas en son beffroi,
Toi, ta mission est de plaire,
Remplis les cœurs d'un doux émoi !
 Annonce le baptême
 De ces anges bénis,
 Que chacun de nous aime
 Au sortir de leurs nids !

Sonne, joyeux carillon ! &.

Improvise un chant sympathique
Pour l'hymen... pour sa douce loi,
Quand la fleur d'oranger mystique
Jette un parfum de bon aloi!
    Autrement... bouche close...
    Car ce refrain connu :
    Tu n'auras pas ma rose!
    Serait le malvenu!

    Sonne, joyeux carillon! &.

Du Christ pour chanter la venue
Réserve tes plus beaux noëls!
Pour une victoire obtenue
Fais vibrer des tons solennels!
    Vers l'antique *Nanterre*
    Parfois prends ton essor,
    Pour fêter sa rosière,
    Puisqu'il la trouve encor!

    Sonne, joyeux carillon! &.

Lille! Arras! Cambrai, Valenciennes,
Aux carillons mélodieux,
De vos traditions anciennes
Conservez le culte pieux!
    Carillons de nos pères,
    Prêtez, pour nos refrains,

Au pur cristal des verres
Vos tintins
Argentins!

Sonne, joyeux carillon!
Que tes clochettes
Gentillettes
A nos-cloches trop replètes
Fassent baisser pavillon.
Mieux qu'un triste bourdon, j'aime un gai carillon!

A. SALIN,
Membre honoraire.

LE GROS CANON PRUSSIEN

Air des *Cosaques*.

Envahissez, innombrables cohortes,
Le Champ-de-Mars, ce temple de la Paix,
Vos bataillons sont campés à nos portes,
Et chaque jour grossit leurs rangs épais.
Esprit d'amour, dont le feu nous anime,
Que ton pouvoir assure un cabanon
A l'insensé qui tenterait le crime
De nous troubler par la voix du canon.

10

Voici le jour de la sainte alliance,
Peuples divers, venez fraterniser.
Quand Dieu le veut, qu'importe la croyance?
Malheur à qui voudrait vous diviser.
N'ayez qu'un cœur, ne rêvez qu'une gloire,
Celle du bien, et, sur votre fanon,
Qu'un seul mot brille en signe de victoire :
PROGRÈS ! par lui vous vaincrez le canon.

Un fou, croyant rehausser sa patrie,
(Sur le calibre il a compté beaucoup),
Dans le Palais ouvert à l'Industrie,
Nous montre un tube à mille francs le coup.
« Là, calme-toi, ma vieille baïonnette ! »
Dit un zouave en prenant son *canon*,
« J'espère voir, grâce à ma clarinette,
X........ danser à la voix du canon. »

Par cet engin qu'ose exhiber la Prusse,
Comme un chef-d'œuvre à l'Exposition,
Français, Anglais, Autrichien ou Russe,
On peut juger de son ambition;
S'arrondissant ainsi qu'une citrouille,
Pour s'agrandir elle risque son nom.
Enfle-toi donc, orgueilleuse grenouille,
Et crève un jour à la voix du canon.

JULES RUEL,
Membre associé.

L'AQUARIUM

SIMILITUDES TERRESTRES ET AQUATIQUES

—

AIR de LOUIS FESTEAU, ou : *On dit que je suis sans malice*.

Curtius modela l'Empire
En mannequins, en rois de cire :
Aujourd'hui la terre et les eaux
Offrent des spectacles nouveaux ;
On peut voir par catégories,
Les bipèdes, les amphibies...
C'est un curieux muséum,
Allez donc voir l'aquarium !

Écoutez au sein de la foule
Qui va, vient, s'entasse et s'écoule,
Le savantasse, à chaque pas,
Explique ce qu'il ne sait pas.
Un monsieur dit que la torpille
Sort du mulet et de l'anguille...
C'est un curieux muséum,
Allez donc voir l'aquarium !

En soupirant, de pâles nonnes
Passent devant les anémones,
L'habile escompteur Vilbrequin
Dit tout haut : — Il manque un requin.
Un folâtre essaim de fillettes
Trouve gentilles les crevettes...
C'est un curieux muséum,
Allez donc voir l'aquarium.

Le juif Isaac, l'âme émue,
Dans ses détours suit la sangsue ;
Un élégant, faisant le beau,
Braque un lorgnon sur le turbot ;
Babet l'écaillère demande
Où l'on a parqué la limande...
C'est un curieux muséum,
Allez donc voir l'aquarium.

Sous le chaperon des servantes,
Voici cinq ou six innocentes
Qui plongent un regard furtif,
Dont je devine le motif ;
Elles guettent, les jeunes filles,
Comment s'entr'ouvrent les coquilles...
C'est un curieux muséum,
Allez donc voir l'aquarium !

Gros-Jean, l'œil braqué sur la vitre,
S'amuse à voir bâiller une huître.

Le riche entrepreneur Gachet,
S'étonne en voyant un brochet.
La débardeuse Anastasie,
Devant la pieuvre s'extasie...
C'est un curieux muséum,
Allez donc voir l'aquarium !

Voyez ce homard en *vilvouste*
Voulant pincer une langouste,
Et ces perches par bataillon,
Frétillant près d'un barbillon.
De çà, de là, dans l'ombre grouille
Un têtard près d'une grenouille...
C'est un curieux muséum,
Allez donc voir l'aquarium !

On peut penser par les études
Des penchants, des similitudes,
Que de l'onde les habitants
Ont chez nous des représentants;
Et que, des requins aux polypes,
La mer seule a gardé les types...
C'est un curieux muséum,
Allez donc voir l'aquarium.

Louis FESTEAU,
Membre honoraire.

LE CAFÉ TUNISIEN

—

Air : *Bonjour, mon ami Vincent.*

Du Champ-d'-Mars, en vrai gourmet,
J'ai goûté d' tout's les cuisines,
Et visité d' chaqu' buffet
Les diverses officines.
Je m' suis restauré chez les Bavarois;
On m'a vu *luncher* dans l' palais chinois.
J'ai mangé du pain de tout's les farines
Et gobichonné d' pays en pays.
          Mais, je vous le dis,
          Rien, à mon avis,
N'est plus épatant que l' café d' Tunis.

Dans l' jardin privé d' fraîcheur
De ce bazar exotique,
On offre au consommateur
Une infernale musique.
Sur des instruments qui n' sont pas nouveaux,
Chant'nt, en nasillant, quatre moricauds.
C'est sans dout' fort beau sous l' soleil d'Afrique,

Ici, franchement, ça vous abrutit.
        Pourtant on finit,
        A ce qu'on m'a dit,
Par s'y façonner petit à petit.

    Les produits de l'Orient
    A c' buffet ne brillent guère.
    A part le café, l'on n' vend
    Que d' l'absinthe et d' la bière.
En r'vanche, on y voit des garçons charmants
Qui port'nt le bonnet en brav's musulmans.
Moi, qui n' connais pas la langue berbère,
J'interpell' l'un d'eux en allant m'asseoir :
        — Moi, voudrais savoir
        Si l'on peut avoir,
Fils de Mahomet, petit café noir ?

    — Parbleu! m' dit ce serviteur,
    En me parlant à l'oreille,
    Vous êt's un joli farceur,
    Et me la fait's à l'oseille.
Je ne connais pas monsieur Mahomet;
J'suis tout simplement issu d' Bagnolet.
Voici du moka, liqueur sans pareille;
On en sert très peu, c' qui fait qu'au total,
        Ce léger régal
        Est tell'ment frugal,
Que s'il n' fait pas d' bien, il n' fait aucun mal.

J' dois dir' qu'il vous est offert
D'admirer une Arabesque
Qui s' trouv' dans l' salon couvert
De ce café barbaresque.
On peut voir aussi sur un grand sopha
La femm' du patron, madam' Mustapha.
L' public est prév'nu que c'est un' Moresque,
Mais j'entends Gavroch' dir' d'un ton gogu'nard
    Que c'est un canard,
     Et qu'à cet égard,
Il sait qu'ell' descend des Benis-Mouff'tard.

  Enfin, d' ces Orientaux
  J'quittai l' buffet somnifère,
  Et j' rencontrai deux chameaux
  D'une allure débonnaire.
— Pourquoi, m' direz-vous, dans votre chanson,
Parler d' ces bêt's-là, sans rim' ni raison?
C'est bien malgré moi, je ne les aim' guère,
Et j'en suis content, car si j' les aimais,
    Sur eux je mont'rais
    A chaque instant, mais
Je n' peux les souffrir ni de loin ni d' près.

  Dans c' récit, je m'aperçois
  Qu' j'ai traité d' façon maligne
  Et d'un air un peu narquois
  Des étrangers.... c'est indigne!

Pour qu'on n' m'accus' pas, dans ma légèr'té,
De trahir les d'voirs d' l'hospitalité,
J' vais, pour en finir, messieurs, changer d' ligne
Et dir' qu'au Champ-d'-Mars, pour êtr' bien servis,
    Les gourmets d' Paris
    Ou d'autres pays
Doiv'nt aller toujours au café d' Tunis.

LUCIEN MOYNOT.

Membre associé.

LES BATEAUX DE RÉGATES

AIR de *la Treille de sincérité*.

    Les régates
  Sont mes courses plates ;
Mon unique élément, c'est l'eau :
Je veux mourir sur mon bateau.

Des exercices à la mode
Et que pratique le bon ton,
Celui qui le mieux m'accommode
C'est le tournoi qui fut, dit-on,

Inventé par le vieux Triton.
Pour concourir dans les régates
J'irais au bout de l'univers,
Certain de revoir mes pénates,
Victorieux et sans revers.

Les régates, &.

Que sur une verte pelouse,
Emportés par de fiers coursiers,
Brûlant d'une fièvre jalouse,
D'autres recueillent des lauriers
Qu'ils doivent à leurs étriers;
De leurs succès avoir envie
Est, selon moi, le fait d'un fou;
Je tiens beaucoup trop à la vie
Pour aller me rompre le cou.

Les régates, &.

Fordham (1), si brillant dans la lutte,
D'Albion l'heureux favori,
Ne saurait prévoir une chute;
Par ses victoires aguerri,
D'espoir il est toujours nourri.
Le saut d'un mur, d'une rivière,
Peut offrir au premier lutteur

(1) Jockey ang'ais. Il montait les chevaux qui en 1867 ont gagné le grand prix de Paris, et la coupe d'or aux courses d'Ascot.

Une périlleuse barrière,
Dirigeât-il *Gladiateur*.

Les régates, &.

Quand sur une piste liquide
Je prends d'aquatiques ébats,
Mon aviron me sert d'égide;
Vainqueur dans de nombreux combats,
Un échec ne m'arrête pas.
Si mon léger esquif chavire,
Je plonge et bientôt reparais;
Mon immersion prête à rire,
Mais j'en reviens dispos et frais.

Les régates, &.

On a, pour les joutes nautiques,
Admis à l'Exposition
Des bateaux vraiment magnifiques,
D'une élégante invention,
D'une exquise perfection.
Je le sais, ma modeste yole
N'a rien qui brille, qui séduit;
Comme une hirondelle elle vole
Sur la lame qui lui sourit.

Les régates, &.

Par une coupe gracieuse,
Due aux heureux progrès de l'art,

Et par leur forme somptueuse,
Ces produits exposés à part
Attirent, fixent le regard.
Pour ces chefs-d'œuvre de plaisance
Nos régates n'ont pas d'attraits ;
Il faut à leur riche élégance
Le lac où se mire un palais.

Les régates, &.

Sur mon yole je défie
Le plus habile nautonnier ;
A sa prestesse je me fie,
Sans effort et sans louvoyer
J'arrive aisément le premier.
Je n'ai pas demandé pour elle
Un concours, la voix d'un juré ;
C'est sur un fleuve que l'appelle
Un triomphe plus assuré.

Les régates
Sont mes courses plates ;
Mon unique élément, c'est l'eau :
Je veux mourir sur mon bateau.

LE VAILLANT,
Membre correspondant.

LES SCAPHANDRES

Air d'*Octavie*.

Amis, chantons l'ingénieux scaphandre
Qui nous apporte un merveilleux plaisir :
Au fond des mers l'homme pourra descendre
Et sans péril séjourner à loisir.

L'humanité, faisant un pas immense,
De la nature est l'éclatant vainqueur ;
Un autre monde à nos côtés commence,
Et le génie en est le créateur.

Gloire au scaphandre, amis ! A l'heure même
Où les loyers deviennent hors de prix,
Dieu nous octroie en sa bonté suprême
Le sol des mers pour fixer nos logis.

Réjouis-toi, bienheureux locataire ;
Plus de portier rapace et tracassier !
Chacun de nous devient propriétaire ;
Au fond de l'eau plus de terme à payer !

Quels changements phénoménaux sur terre !
Lois, langue et mœurs, tout est bouleversé.
Plus de fusils, de canons, ni de guerre !
C'est bien vraiment le monde renversé.

Hommes d'affaire, hommes de politique,
Hommes d'esprit, badauds, hommes de cour,
Vont se loger sous le câble atlantique
Afin d'avoir les nouvelles du jour.

Se corrigeant, la docte Académie
Définit l'homme en ce nouveau travail :
« Bel animal, mammifère amphibie.
» Voyez au mot *phoque* pour le détail. »

Boire un bouillon, aller aux eaux, naufrage,
Autant de mots désormais sans emploi!
Couler à fond, dans le nouveau langage,
Signifîra « s'en retourner chez soi. »

Près de la Bourse, au temps le plus critique,
On entendra coulissier et pigeon,
Sans qu'aussitôt on pense à la Belgique,
Dire : « Bonsoir, je vais faire un plongeon. »

Pour les crasseux plus d'amères corvées!
Coûte que coûte, ils vont se faire aux bains;
Et puis, les mains étant toujours lavées,
On ne dit plus : « Je m'en lave les mains. »

Plus de cochers en boueuse livrée,
Lents, insolents, avides, abrutis!
Les bons dauphins nous mènent au Pirée,
Et lestement nous ramènent gratis.

Et la police?... En l'une de ses œuvres
Hugo raconte, on doit s'en souvenir,

Que la police est faite par les pieuvres!
Les scélérats n'ont qu'à bien se tenir!

Nous n'avons plus à redouter la pluie;
Du coup Gribouille est réhabilité;
Plus de volcan, de foudre et d'incendie!
Ah! mes amis, quelle sécurité!

Gageons qu'en l'an deux mille du scaphandre
Quelque Cuvier professe avec succès,
Disant : « Pompier, sorte de salamandre
» Fort en honneur chez les anciens Français. »

A deux couplets l'estomac a des titres;
Les vieux repas étaient si différents!
Pour déjeuner on se cueille des huîtres,
Ou l'on s'en va chasser quelques harengs.

Pour le dîner : « Consommé de murène,
Primeurs d'éponge, aloyau de requin,
Filets de crabe à l'huile de baleine,
Pâté de phoque et crème de marsouin. »

Mais quoi! j'entends nommer Thétis la blonde!
Un chansonnier d'esprit religieux
Demande si, dans les temples de l'onde,
Nous trouverons encor les anciens dieux.

O temps! ô mœurs! Neptune n'est plus maître!
Les dieux s'en vont par l'incrédulité.
Pauvre Neptune! Un jour il a dû mettre
Son vieux trident au mont-de-piété.

On ne voit plus les rares néréides
Et leurs grands yeux au doux reflet changeant;
On n'entend plus les tritons intrépides
Souffler joyeux dans les conques d'argent.

Mais n'allez pas regretter les sirènes;
On les remplace avantageusement
Par un essaim de belles Parisiennes,
Charme de l'homme, hélas! et son tourment!

On ne sait plus ce qu'est un cimetière;
Les croquemorts méritent mieux ce mot.
Les défunts ont pour demeure dernière
L'intérieur d'un gourmand cachalot.

Un roi, qu'avec légèreté l'on juge,
Prophétisa sous des mots ambigus :
Quand il disait : « Après moi le déluge ! »
Il prévoyait qu'on ne le craindrait plus.

Désirez-vous la richesse infinie?
Amis, venez au fond de l'océan.
Venez, c'est là qu'est la Californie,
Là, des trésors de quoi tenter Satan!

C'est là, depuis cinq mille ans de naufrages,
Que s'amoncèle un monstrueux butin :
Nous trouverons de l'or de tous les âges
Dans ce chaos merveilleux et sans fin.

Que de bonheurs nous devons au scaphandre !
Quel poétique et séduisant tableau !
L'homme, en amour comme en tout, peut prétendre
Qu'il est heureux comme un poisson dans l'eau.

O. DE POLI.

Membre associé

LES BATEAUX INSUBMERSIBLES

AIR : *Adieu, je vous fuis, bois charmants.*

Sous un ciel à reflets de feu,
L'été de chaleur nous accable,
Et je veux rendre grâce à Dieu
De ce qu'un destin favorable,
Dans les *mots donnés* décida
Que, nageur aux rames flexibles,
J'irais me plonger dans l'onde a-
-vec *les bateaux insubmersibles.*

Pourtant, si je puis admirer
Cette invention grandiose

Qu'on vient là-bas de nous montrer,
La chanter, c'est tout autre chose.
Ma muse en vain se mesura
A des mâts presque inaccessibles,
J'ai grand' peur de me noyer a-
-vec *les bateaux insubmersibles.*

Par mainte cervelle en travail
Ma chute se verrait suivie,
Car que d'esprits, sans gouvernail,
Affrontent les flots de la vie !
Un savant parfois caressa
Trente ans des rêves impossibles...
Et, loin d'aborder, s'enfonce a-
-vec *ses bateaux insubmersibles.*

Souffrez que je termine ici
Ces exercices maritimes,
Qui de moi feraient, sans merci,
La plus navrante des victimes.
Le mal de mer, je l'ai déjà ;
Qu'un seul mot de vous, cœurs sensibles,
Empêche que je submerge a-
-vec *mes bateaux insubmersibles.*

DUVAL,
Membre associé

LES ANNEXES

—

Air de *Cadet Roussel*.

Dans sa revue, en me nommant,
CLAIRVILLE cause mon tourment :
Veut-il que je chante ce soir
Tous les *tableaux* qu'il n'a pu voir?
Si j'avais sa verve, peut-être,
Aurais-je pu me le permettre;
   Mais *d' ces tableaux*, hélas!
JÚTEAU *ne vous parlera pas.*

Air de *Mazaniello*.

Que le flot du public inonde
La nef de l'Exposition,
Que son Palais arrache au monde
Des transports d'admiration,
J'en suis heureux pour notre France;
Quant à moi, qui fuis la splendeur,
Et prise en tout la tempérance,
Les annexes font mon bonheur.

A table jamais je ne touche
Qu'aux hors-d'œuvre, à des entremets,
Et je ne parfume ma bouche
Que de vins fins et de sorbets;
Après le café qui m'excite
Je tâte de chaque liqueur;
Enfin, dans tout repas d'élite,
Les annexes font mon bonheur.

A Versailles, bien au contraire,
Ce sont les eaux, sauf le Dragon,
Que je recherche; et je préfère
Au château les deux Trianon,
Les bosquets et l'orangerie,
La ferme où reine, ou grand seigneur,
Poétisaient la bergerie...
Les annexes font mon bonheur.

L'an dernier, tout d'une venue,
Pauline avait l'air d'un bâton;
Chacun s'écriait à sa vue :
« C'est la poupée à Jeanneton! »
Sa taille aujourd'hui se dessine,
Et, grâce au souffle créateur,
Ses contours la rendent divine...
Les annexes font mon bonheur.

Quand cet objet chéri me donne
Avec amour un doux baiser,

Et qu'aux miens elle s'abandonne,
Un feu soudain vient m'embraser;
Si dans ses bras elle m'enlace,
Adieu ma tête, adieu mon cœur !
A tous ses attraits je rends grâce...
Les annexes font mon bonheur.

Je voulais vous rendre bon compte
De nos *annexes*, mais, hélas !
Comme un journaliste raconte
Bien des faits qu'il ne connaît pas,
Je ne puis sur ce que j'ignore
Broder un récit enchanteur;
Pourtant je le redis encore :
Les annexes font mon bonheur.

JULES-JUTEAU,
Membre titulaire.

LES ABORDS DE L'EXPOSITION
SOUPIRS D'UN EX-ZOUZOU EN DÈCHE
AYANT FAIT SIX FOIS LE TOUR DES REMPARTS DU CHAMP-DE-MARS

AIR : *Ah! qu'il est doux de vendanger.*

Comm' d'autr's j' avais l'ambition
D' voir l'Exposition.

J' n'en pourrai voir que les abords,
    Car ma bourse est bien plate;
    Faut donc que j' rest' dehors,
    Et voilà c' qui m'épate.

Pendant sept ans, joyeux troupier,
    Sans jamais rien payer,
J'ai visité le monde entier,
    M' prom'nant en autocrate.
    Ici faut êtr' banquier,
    Et voilà c' qui m'épate.

On d'vrait permettr' gratis un jour
    Aux p'tits d' voir c' beau séjour.
Je m' sens rougir comme un homard,
    J' trouv' la patrie ingrate ;
    D' progrès j' vais être en r'tard,
    Et voilà c' qui m'épate.

C'est là que tout bon travailleur
    D'viendrait pour sûr meilleur.
Qu'apprendront là ces gros bourgeois
    S' gonflant dans leur cravate?
    Ils n' font rien d' leurs dix doigts,
    Et voilà c' qui m'épate.

Si n'y avait pas d' sergents d' faction,
    Comm' j' suis un homm' d'action,

J'escalad'rais l' grand mur de bois,
    Sans mêm' risquer une patte;
Je n' peux voir que les toits,
    Et voilà c' qui m'épate.

N'ayant pas sur moi de valeur,
    J' n'irai pas chez l' changeur
Qu'est dans sa guérit' de piquet;
    Pour augmenter la gratte,
    J' tourn' devant l' tourniquet,
    Et voilà c' qui m'épate.

Je m' sauv' maint'nant que j' suis rasé,
    Par la dèche écrasé.
Un cocher d' triste char-à-bancs
    D' sa voitur' démocrate,
    Comme il pleut, d'mand' vingt francs,
    Et voilà c' qui m'épate.

Brasseurs, marchands d' vins, caboulots,
    Vers'nt l'ambroisie à flots,
Au bon coin l' restant d' mon quibus
    Va m' rafraîchir la rate;
    Je m' priv'rai d'omnibus,
    Et voilà c' qui m'épate.

Mais du Champ-d'-Mars sort un ami
    Riche et n' f'sant rien à d'mi :

Il m'offre, ayant l' cœur sur la main,
    Un r'pas d'aristocrate,
Et m' dit : — R'viens ici d'main,
    Et voilà c' qui m'épate.

A l'œil j' verrai l'exhibition,
    Je m' lanc' dans la fashion,
J' vais licher à de chics buffets,
    Ma bouch' d'vient délicate,
    J' mépris' les mastroquets,
    Et voilà c' qui m'épate.

Recueilli aux abords de l'Exposition.

ALLARD PESTEL,

Membre titulaire.

L'EXPOSITION AGRICOLE — BILLANCOURT

AIR des *Comédiens*.

Le dix-neuf mai, je reçois une lettre ;
C'est du Caveau, — c'est bien signé DUPLAN.
Pas de paresse, allons, il faut s'y mettre,
En vain je cherche à vous chanter... — *du flan !* —

Les Mots donnés, — un titre qui flamboie !
Un beau sujet, c'est l'Exposition.
Il ne faut pas rester là comme une oie :
Je ne suis pas de la commission.

Paris n'est plus qu'une vaste boutique,
Où chaque peuple a planté son drapeau ;
On voit, auprès d'un Anglais excentrique,
Un vrai Chinois chez la mère Moreau.

Quel beau coup d'œil ! quelle foule choisie !
J'ai vu passer sous mes yeux, tour-à-tour,
Le Danemark, le Japon, la Russie,
Et des Prussiens sortant du Luxembourg.

On ne sait plus à qui donner les primes,
C'est du nouveau partout, à chaque pas ;
Là, c'est Prudhomme exposant ses maximes,
Là, c'est Laïs exposant ses appas.

S'il eût vécu fidèle à ce système
Qu'on peut très bien se passer de parents,
Nous eussions vu le grand Rousseau lui-même
Faire exposer ses quatre ou cinq enfants.

Arrêtons-nous, je crois que je m'égare
Dans les détours de ce vaste palais,
Pour un instant sortons de la bagare
Et dans le parc allons prendre le frais.

N'ai-je pas vu dans ma lettre un sous-titre ?
Mais oui, vraiment !… O ciel ! c'est *Billancourt !*

Attention! c'est un autre chapitre,
Sur ce sujet je crains de rester court.

Moi, qui jamais n'adorai la campagne,
Je dois chanter la verdure et les fleurs;
En tout, partout, le guignon m'accompagne,
J'aimerais mieux me promener ailleurs.

Je me décide, enfin je prends *la Mouche,*
— Je veux parler des bateaux à vapeur, —
A Billancourt en peu d'instants je touche :
Le voilà donc l'objet de ma douleur!

Je vois d'abord des béliers hydrauliques,
De longs tuyaux, des presses à raisin
Voici là-bas des pétrins mécaniques :
De plus en plus je suis dans le pétrin.

L'engrais humain, vous pouvez bien m'en croire,
Quoi qu'en ait dit un certain député,
Et quoiqu'il soit là dans toute sa gloire,
Je l'ai senti, mais ne l'ai pas goûté!

Vous parlerai-je, au milieu des machines,
De la charrue ou de l'extirpateur,
De la baratte ou du coupe-racines,
De l'égrénoir ou bien du concasseur?

Quoi! les cheveux se dressent sur vos têtes!
Vous en avez, je le vois, plein le dos,
Si nous allions examiner les bêtes?
Laissons plutôt passer le mérinos.

Je veux tout voir dans mon ardeur extrême,
Mais ménageons vos précieux moments,
Car je le sens, je m'expose moi-même
A vous causer bien des embêtements.

Dans le jardin où de l'horticulture
Tous les produits vont livrer leurs secrets,
Sous la raison d'admirer la nature,
Je vais, rêveur, *exiler mes regrets*.

Je ne suis pas très fort en botanique,
Je reconnais la rose du lilas;
A part cela, chaque terme technique
Est de l'hébreu; je ne le comprends pas.

Je ferais mieux, pensez-vous, de me taire;
C'est mon avis, car je suis aux abois,
Et ce qui doit, d'ailleurs, sortir de terre,
Ne sortira que dans un ou deux mois.

J'ai rencontré des gens de toute sorte,
Des éleveurs et des agriculteurs,
Des gros fermiers, mais le diable m'emporte !
Ce n'était pas comme un bouquet de fleurs.

Pardonnez-moi le tableau satirique
Que j'ai tracé de l'Exposition;
Je n'ai cherché que le côté comique :
Vous plaire était ma seule ambition.

Je l'avoûrai, c'était par un temps sombre,
J'étais rempli de tristesse et d'ennui;

Tout radieux, venant dissiper l'ombre ;
Dans un ciel pur un beau soleil a lui.

Quel changement ! c'est à n'y rien comprendre,
Et la nature a sur moi réagi ;
Tout est charmant, et je m'en vais m'étendre
Au bord de l'eau, *sub tegmine fagi*.

Dans le lointain je revois mon Virgile,
Des jeunes ans je remonte le cours,
Et je redis, tout comme au Vaudeville :
« Le plus beau temps, c'est le temps des amours ! »

En vain au cœur ce souvenir bourdonne,
D'un doux passé quand je sens tout le prix,
Voilà soudain la cloche qui résonne,
Bien vite il faut retourner à Paris.

Mes chers amis, voilà ce que m'inspire
Le mot donné que me donna le sort ;
A votre tour, et puissiez-vous mieux dire !
Je me rassieds : à quelque autre plus fort.

A. FOUACHE,

Membre associé.

LE CATALOGUE DE L'EXPOSITION

Air de **Renaudin**

J'ai, sur votre invitation,
Noté dans le mode lyrique
Le Catalogue... fantastique...
De la grande Exposition.

Fantastique?... Eh oui!.. Comme, hélas!
En disant ce qu'elle renferme,
Mes couplets n'auraient point de terme,
Je chante ce qu'on n'y voit pas.

Cet idéal, ce cher absent,
Vit dans un germe qui sommeille :
Pour l'éclosion sans pareille,
Je vous ajourne en dix-neuf cent.

Nous verrons un palais-géant,
Exhibition enchantée,
Près de qui la nôtre, vantée,
Ne sera que poudre et néant.

On entrera sans tourniquets
Et sans clôture de guinguette.

Sans comptoirs de change, où nous guette
La bohême des pick-pokets.

Au lieu de fauteuils ambulants,
Soudain des flocons de nuage
S'assouplissent pour le voyage,
Et çà et là portent nos flancs.

Sur un lac bleu ce doux fauteuil
Glisse bien mieux qu'un bateau-mouche,
Sans qu'aucun scaphandre le touche
Et nous procure un bain à l'œil.

Dans le plus beau des Walhallas,
A souhait, notre vol s'égare
Parmi dômes, fûts de Carrare,
Jardins, kiosques et villas.

On n'y rencontre aucun chalet,
Et rien à nos regards qui puisse
Rappeler la bicoque suisse :
Nos Auvergnats trouvent *cha laid.*

Plus de maisons à bon marché :
A quoi bon? Tout propriétaire
Paye aujourd'hui son locataire :
Ainsi donc, le siècle a marché!...

Du palais ayant fait le tour, —
Et certe on ne peut se permettre

De l'appeler un gazomètre, —
Entrons dans ce brillant séjour...

Que de miracles accomplis,
Combien de nouveautés prospères,
Grâce aux successeurs des Ampères,
Des Morses et des Casellis !...

Sans soubresauts et sans fracas,
L'électricité coutumière
Donne aux aveugles la lumière,
Et la logique aux avocats.

Elle accorde, — présents divins, —
Aux peintres la couleur magique,
A nos sculpteurs la grâce antique,
Et le style à nos écrivains.

Au loin s'emparant de l'éther,
Un fier télescope, — qui rosse
Celui du capitaine Rosse, —
Pourfend Neptune et Jupiter.

Pour les poètes nébuleux,
J'aperçois un moulin à strophes ;
Un autre, cher aux philosophes,
Leur débite des songes creux.

Une machine à réfléchir,
Aux grands journaux très-opportune,

Et, pour remplacer la tribune,
Une machine à discourir...

Pour plâtrer les atermoiements,
Certains vernis diplomatiques,
Et des benzines politiques
Pour enlever tous les serments.

Les armuriers n'y brillent pas;
Car, sur la paix et sur la guerre
Chaque nation délibère,
Et les rois seuls vont au combat.

Puis, sans supplément, nous voyons
Dans des aquariums pleins d'herbes,
Barbotter, rayonnants, superbes,
Les plus célèbres barbillons.

Plus d'américains pianos,
Et plus de carillons-merveilles :
Afin de charmer nos oreilles
Qu'écorchèrent les sopranos,

Haydn, Mozart, Weber, Lesueur,
Font gémir des orgues dantesques,
Et, dans des rondes gigantesques,
Les astres s'ébranlent en chœur.

Au grand théâtre des Esprits,
Phèdre, Marguerite, Chimène,

Desdémone, Agnès, Célimène,
Alternent leurs pleurs et leurs ris;

Et dans leur immortalité,
Applaudissent, — brillant parterre, —
Corneille, Racine, Voltaire,
Molière, Shakspeare et Gœthe.

Puis des chemins de fer charmants,
Plongeant dans les voûtes sereines,
Rapportent au front de nos reines
Des étoiles pour diamants.

L'imprimerie aux types d'or,
A tout ce que Dieu fit auguste, —
Le vrai, le beau, le saint, le juste, —
De ses ailes donne l'essor.

Chassant du monde ensanglanté
Le despotisme qui s'effare,
Je vois resplendir un beau phare,
Le phare de la liberté;

Et, déployant ses pavillons,
Après maint naufrage indicible,
Désormais vogue, insubmersible,
La grande nef des nations!....

Ainsi, çà et là discourant
Pour vous dire un chant éphémère,

Je divague en pleine chimère;
Mais peut-être qu'en m'égarant,

J'ai rencontré sur mon chemin
Quelque grande chose assoupie,
Hier encore obscure utopie,
Splendide vérité demain!...

J'ai, sur votre invitation,
Noté dans le mode lyrique
Le Catalogue... fantastique...
De la grande Exposition.

EUGÈNE VIGNON,

Membre titulaire.

LES CHAISES

—

AIR : Ne raillons pas la garde citoyenne.

Il faut, ce soir, que je chante les chaises;
C'est un vulgaire et prosaïque objet;
Je reste court : pourtant, avec ses aises,
On peut s'étendre en long sur mon sujet.

Lorsque éblouis par toutes les merveilles
Que, de nos jours, l'industrie et les arts
Ont su créer, — merveilles sans pareilles, —
Dans ce palais s'émoussent les regards,

Et que le corps lassé faiblit et pèse,
Le visiteur, avide de repos,
Recherche alors, une modeste chaise,
Qui le rendra bientôt frais et dispos.

Pour qui désire un repos salutaire,
Le parc est là qui présente ses fleurs;
Sur une chaise on s'assied solitaire,
En respirant de suaves senteurs.

Et quand, enfin, la chaleur vous accable,
Que le gosier, à sec, est altéré,
Avec délice, assis près d'une table,
La glace est prise et le bock savouré.

Au promenoir circulaire on s'installe,
Et d'un seul coup à nos yeux sont offerts,
— Spectacle rare aperçu d'une stalle, —
Mille tableaux instructifs et divers.

Car tour-à-tour défilent à la ronde
De tous pays les peuples différents,
Et sans fatigue on fait le tour du monde,
On voit passer cuivrés, nègres et blancs.

L'on prend plaisir, — plaisir qui n'est pas mince, —
A contempler, dans leur beau casaquin,
De bonnes gens, fine fleur de province,
Venant gaîment manger leur saint-frusquin.

La simple chaise est du progrès l'indice;
Comme à ce meuble on est accoutumé,
On méconnaît son utile service,
A son mérite il n'est pas estimé;

Car si, selon la mode orientale,
Il nous fallait, à l'Exposition,
Prendre la pose aux tailleurs spéciale,
Nous aurions peu de satisfaction.

Il faut, ce soir, que je chante les chaises;
C'est un vulgaire et prosaïque objet;
Je reste court : pourtant, avec ses aises,
On peut s'étendre en long sur mon sujet.

VACHER,
Membre titulaire.

LE JURY INTERNATIONAL

Air du *Partage de la richesse*.

Du sort un singulier caprice
M'a créé membre du jury...

Moi... je vais rendre la justice!
J'en suis encor tout ahuri,
Allons... à défaut de science
Que je n'ai pas abondamment,
Consultons notre conscience
Pour former notre jugement.

Fusil avec ou sans aiguille,
Canon rayé, rond ou carré,
De vos auteurs le savoir brille
Mais il ne peut être admiré :
Ils inventent, pour nous détruire,
Des moyens fort ingénieux,
Sans doute... mais pour nous construire
Il est un moyen qui vaut mieux.

Combien je préfère, en ce monde,
A tous ces engins destructeurs
Une machine qui seconde
Les arts ou les agriculteurs;
Et dans pareil champ de bataille
J'aime doublement le succès
Lorsque les prix ou la médaille
Sont obtenus par un Français.

On expose en grand étalage
De fausses dents, de faux cheveux,
Dont savent user, malgré l'âge,
Les jeunes tout comme les vieux;

A tromper ainsi l'on travaille,
Mais c'est pour mieux plaire à nos yeux ;
Aussi je vote une médaille
A ces artistes précieux.

Un moment, j'eus la fantaisie
(Oubliant mon infirmité)
De concourir en poésie...
Mais bientôt je fus arrêté :
Hélas! pas le moindre hémistiche
Ne put sortir de mon cerveau...
Et c'est un effronté pastiche
Que j'aurais donné pour nouveau.

J. CHAPONNIÈRE,
Membre correspondant.

LES RÉCOMPENSES

Air : *Un homme pour faire un tableau.*

Parmi les curieux sujets
Que l'Exposition nous donne,
Nous devons de malins couplets
Faire une moisson assez bonne ;

Mais d'esprit et de mots plaisants
Quelle que soit notre dépense,
Moins heureux que les exposants,
Nous n'avons pas de récompense.

Au courage ainsi qu'à l'honneur,
A des services jugés dignes,
Au grand talent, à l'inventeur,
On voit accorder des insignes;
Mais dans ces temps d'égalité,
Ce n'est pas toujours, je le pense,
A celui qui l'a mérité,
Qu'on décerne une récompense.

Le beau Fernand, depuis trois mois,
Courtise la charmante Laure,
Qui, malgré tout, sourde à sa voix,
Lui refuse... ce qu'il implore;
Mais bien qu'elle parlât d'hymen,
Dans un moment de défaillance,
Il obtint son cœur... sans sa main...
Et l'amour eut sa récompense.

Heureux les sages potentats
Qui préfèrent pour leur patrie,
Aux vaines gloires des combats
Les batailles... de l'industrie!
Le peuple, qui sait les chérir,
Leur lègue en sa reconnaissance

Une page dans l'avenir,
Et c'est leur digne récompense.

Paul et Mathieu, sans nul détour,
Ne cachaient pas leurs goûts précoces :
Quand l'un travaillait nuit et jour,
Jour et nuit l'autre était en noces.
Vingt ans après, monsieur Mathieu
Vivait au sein de l'opulence,
Et Paul mourait à l'Hôtel-Dieu :
Tous deux avaient leur récompense.

En des jours d'immense douleur,
Lorsque notre armée épuisée
Succombait, malgré sa valeur,
Sous l'Europe coalisée,
On vit, — c'est honteux à l'excès ! —
A ceux qui vendirent la France
Des princes, se disant Français,
Donner plus d'une récompense !

Afin de supporter longtemps
L'ennui, le travail et l'étude,
Au plaisir montrons-nous constants,
Pour n'en pas perdre l'habitude ;
Faisons quelque bien ici-bas,
Puis, forts de notre conscience,
Vivons bien, et nous mourrons gras...
Ce sera notre récompense.

POINCLOUD,
Membre titulaire.

TABLE

—

Pages.

ALLARD-PESTEL, MEMBRE TITULAIRE.
Les Abords de l'Exposition. 133

AULAGNIER, MEMBRE CORRESPONDANT.
Les Surveillants 82

DE BLAINVILLE, MEMBRE TITULAIRE.
La Crèche Sainte-Marie 103

BOUCLIER, MEMBRE TITULAIRE.
Les Fauteuils roulants 28

BROUSMICHE, MEMBRE ASSOCIÉ.
Les Diamants de la Couronne. 71

BUGNOT, MEMBRE TITULAIRE.
Le Phare 88

CHAPONNIÈRE, MEMBRE CORRESPONDANT.
Le Jury international 148

CLAIRVILLE, MEMBRE TITULAIRE.
Le Musée international 39

DEMEUSE, MEMBRE ASSOCIÉ.
Les Pianos américains. 69

Pages.

DUPLAN, MEMBRE TITULAIRE.

Les Pick-pockets 80

DUVAL, MEMBRE ASSOCIÉ.

Les Bateaux insubmersibles 129

FESTEAU, MEMBRE HONORAIRE.

L'Aquarium 115

FLAN (Alexandre), MEMBRE TITULAIRE.

Revue-Préface 1
Le Cercle international 105

FORTIN, MEMBRE CORRESPONDANT.

Le Tombeau mexicain 107

FOUACHE, MEMBRE ASSOCIÉ.

L'Exposition agricole. Billancourt 136

FOURNIER (C.), MEMBRE HONORAIRE.

Le Chemin de fer 9

GILLET, MEMBRE ASSOCIÉ.

Les Voitures 15

GRANGÉ (Eugène), MEMBRE TITULAIRE.

Les Châlets suisses 96

GROU, MEMBRE TITULAIRE.

Les Maisons à bon marché 99

JANIN (Jules), MEMBRE HONORAIRE.

Les Carpes de Fontainebleau 92

Pages.

JUSTIN-CABASSOL, MEMBRE HONORAIRE.

Le Lac 90

JULES-JUTEAU, MEMBRE TITULAIRE.

Les Annexes 131

LAGARDE, MEMBRE HONORAIRE.

Le Public 74

LAGOGUÉE, MEMBRE TITULAIRE.

Les Chapeaux instantanés 34

LEVAILLANT, MEMBRE CORRESPONDANT.

Les Bateaux de régates 121

LYON, MEMBRE TITULAIRE.

Le Dromadaire 85

MAHIET DE LA CHESNERAYE, MEMBRE TITULAIRE.

La Pyramide d'or 65

MOYNOT (Lucien), MEMBRE ASSOCIÉ.

Le Café tunisien 118

DE POLI (O.), MEMBRE ASSOCIÉ.

Les Scaphandres 125

POINCLOUD, MEMBRE TITULAIRE.

Les Récompenses 150

PROTAT, MEMBRE TITULAIRE.

Les Guides-Interprètes 22

Pages.

RUEL, MEMBRE TITULAIRE.

Le gros Canon prussien 113

SALIN, MEMBRE HONORAIRE.

Le Carillon 109

THEVENOT, MEMBRE CORRESPONDANT.

La petite Fabricante d'épingles 36

VACHER, MEMBRE TITULAIRE.

Les Chaises 146

VASSEUR, MEMBRE TITULAIRE.

Les Machines 31

VERGERON, MEMBRE TITULAIRE.

Le Tourniquet 20

VIGNON, MEMBRE TITULAIRE

Le Catalogue 141

VILMAY, MEMBRE TITULAIRE.

Les Mouches 13

IMPRIMERIE DE JULES JUTEAU ET FILS,
rue Saint-Denis, 84.

www.ingramcontent.com/pod-product-compliance
Lightning Source LLC
Chambersburg PA
CBHW050010100426
42739CB00011B/2585